La performance...
à quel
PRIX?

Infographie : Chantal Landry
Révision : Élyse-Andrée Héroux
Correction : Anne-Marie Théorêt et Brigitte Lépine

Catalogage avant publication de Bibliothèque et
Archives nationales du Québec et
Bibliothèque et Archives Canada

Despatie, Christiane

La performance-- à quel prix ? : encouragez votre
enfant à se dépasser-- sans pression

Comprend des réf. bibliogr.

ISBN 978-2-7619-3350-6

1. Sports pour enfants - Aspect psychologique.
2. Sports pour enfants - Entraînement. 3. Succès chez
l'enfant. 4. Performance. I. Tamborero, Séverine.
II. Titre.

GV709.2.D47 2012   796.083   C2012-941941-9

DISTRIBUTEURS EXCLUSIFS :

Pour le Canada et les États-Unis :
MESSAGERIES ADP*
2315, rue de la Province
Longueuil, Québec J4G 1G4
Téléphone : 450-640-1237
Télécopieur : 450-674-6237
Internet : www.messageries-adp.com
* filiale du Groupe Sogides inc.,
filiale de Québecor Média inc.

Pour la France et les autres pays :
INTERFORUM editis
Immeuble Paryseine, 3, allée de la Seine
94854 Ivry CEDEX
Téléphone : 33 (0) 1 49 59 11 56/91
Télécopieur : 33 (0) 1 49 59 11 33
Service commandes France Métropolitaine
Téléphone : 33 (0) 2 38 32 71 00
Télécopieur : 33 (0) 2 38 32 71 28
Internet : www.interforum.fr
Service commandes Export – DOM-TOM
Téléphone : 33 (0) 2 38 32 78 86
Internet : www.interforum.fr
Courriel : cdes-export@interforum.fr

Pour la Suisse :
INTERFORUM editis SUISSE
Case postale 69 – CH 1701 Fribourg – Suisse
Téléphone : 41 (0) 26 460 80 60
Télécopieur : 41 (0) 26 460 80 68
Internet : www.interforumsuisse.ch
Courriel : office@interforumsuisse.ch
Distributeur : OLF S.A.
ZI. 3, Corminboeuf ·
Case postale 1061 – CH 1701 Fribourg – Suisse
Commandes :
Téléphone : 41 (0) 26 467 53 33
Télécopieur : 41 (0) 26 467 54 66
Internet : www.olf.ch
Courriel : information@olf.ch

Pour la Belgique et le Luxembourg :
INTERFORUM BENELUX S.A.
Fond Jean-Pâques, 6
B-1348 Louvain-La-Neuve
Téléphone : 32 (0) 10 42 03 20
Télécopieur : 32 (0) 10 41 20 24
Internet : www.interforum.be
Courriel : info@interforum.be

09-12

© 2012, Les Éditions de l'Homme,
division du Groupe Sogides inc.,
filiale de Québecor Média inc.
(Montréal, Québec)

Tous droits réservés

Dépôt légal : 2012
Bibliothèque et Archives nationales du Québec

ISBN 978-2-7619-3350-6

Gouvernement du Québec – Programme de crédit d'impôt pour l'édition
de livres – Gestion SODEC – www.sodec.gouv.qc.ca

L'Éditeur bénéficie du soutien de la Société de développement des entre-
prises culturelles du Québec pour son programme d'édition.

Conseil des Arts   **Canada Council**
du Canada   **for the Arts**

Nous remercions le Conseil des Arts du Canada de l'aide accordée à notre
programme de publication.

Nous reconnaissons l'aide financière du gouvernement du Canada par
l'entremise du Fonds du livre du Canada pour nos activités d'édition.

CHRISTIANE DESPATIE **ı** SÉVERINE TAMBORERO

La performance...
à quel
PRIX?

Encouragez votre enfant
à se dépasser... sans pression

Avec la collaboration de Lise Dufour, psychologue

LES ÉDITIONS DE
L'HOMME

Une société de Québecor Média

Avant-propos

Combien de fois, au cours des 10 dernières années, des parents ont frappé à la porte de mon bureau! Tantôt c'était une mère bouleversée cherchant comment rassurer sa fille, très angoissée à l'approche d'une compétition. Tantôt c'était une autre maman, inquiète pour son fils épuisé par les entraînements, et contemplant l'idée de lui suggérer une pause. Ou un papa se demandant si son fils de huit ans pouvait encore faire du ski le week-end, même s'il s'entraînait pour un tournoi de tennis. Un autre jour, une maman en pleurs me confiait à quel point elle trouvait difficile de maintenir l'équilibre entre la famille et le sport de compétition que pratiquaient ses deux filles, que ce mode de vie exigeait de nombreux sacrifices et mettait beaucoup de pression sur les enfants. À toutes ces personnes, je prodiguais des conseils; il faut être à l'écoute de son enfant, il est important de ne pas sauter d'étapes et, surtout, de ne jamais oublier qu'être parent, c'est du sport!

Même les athlètes professionnels peuvent se sentir démunis lorsqu'ils portent le chapeau de parent. «Trois séances de tennis par semaine, est-ce trop pour mon enfant?» «Comment savoir quelle activité lui convient le mieux?» «Est-elle trop jeune pour se spécialiser dans une activité?» Croyez-le ou non, ces questions m'ont été posées par Bruny Surin, le jour où sa fille s'est découvert une passion pour un sport. Même s'il est lui-même un athlète professionnel, il a été confronté aux mêmes dilemmes que de nombreux parents : comment encourager son enfant sans trop insister ? Comment choisir un entraîneur ? Quels sont les signaux d'alarme ? Comment concilier vie familiale et horaires d'entraînement ? Comment s'assurer que les autres enfants de la famille ne se sentiront pas lésés devant toute l'attention accordée à une sœur ou à un frère au talent supérieur à la moyenne ?

Ce type d'interrogations n'est pas l'apanage du milieu sportif. Si vos enfants s'adonnent à la musique, à la danse ou à toute autre activité, vous faites face à des questions semblables : le professeur est-il compétent ? Les horaires de répétition sont-ils trop exigeants ? Devrions-nous inscrire notre enfant à un concours ? L'obliger à répéter, même s'il n'en a pas envie ? Non seulement devez-vous répondre à ces questions, mais vous pourriez vous trouver aux prises avec des situations plus angoissantes : un professeur de ballet conduisant une danseuse au bord de l'anorexie, cela s'est vu ; un entraîneur incitant un jeune à consommer des substances interdites, nous savons que cela peut arriver aussi, malheureusement...

Comme entraîneur, je sentais depuis une dizaine d'années que plusieurs parents manquaient d'outils pour aider au mieux leurs enfants. J'avais l'impression de devenir une personne-ressource sans le savoir. Sachant que je suis entraîneur, les gens sollicitaient régulièrement mon avis. Cependant, plus souvent qu'autrement, les questions portaient davantage sur la conduite à adopter en tant que parent que sur les standards ou les règles qui régissent tel ou tel sport. Le désarroi, le manque d'écoute, l'anxiété, le stress familial font partie de la vie des parents, et ceux-ci sont sans outil pour y faire face.

À un moment, j'ai entrepris d'écrire un livre sur le sujet. Avec le recul, je m'aperçois que j'avais rédigé un ouvrage très technique : conseils sur les façons d'éviter les blessures, conseils nutritionnels, conseils touchant la planification des activités… Puis j'ai réalisé que ce type de publication existe déjà. En revanche, il est impossible de trouver un ouvrage vous offrant un mélange d'outils pour guider vos enfants qui cherchent à se dépasser, peu importe le domaine dans lequel ils œuvrent et quel est leur objectif final.

Réunir les moyens qui vous permettront de favoriser le développement de votre enfant dans un contexte de santé et d'équilibre n'est pas un luxe dans l'univers culturel et sportif d'aujourd'hui. La recherche de la haute performance à tout prix, quelles que soient les conséquences, est devenue la règle. Nous vivons dans une société où l'obsession de la performance peut conduire à des excès déplorables : musiciens que l'on propulse sur une scène au sortir de l'enfance, professionnalisation précoce de jeunes sportifs qui sont « brûlés » à 16 ans, quand ils ne craquent pas avant…

En tant que parent, vous désirez avant tout le bonheur de vos enfants et les soutenir du mieux que vous pouvez. Toutefois, vous n'êtes peut-être pas suffisamment conscient du rôle crucial que vous jouez dans le processus de développement de votre jeune, du choix de l'activité à l'atteinte du bien-être psychologique permettant à votre enfant de s'épanouir en toute sécurité. Vous n'êtes pas nécessairement au courant que certains de vos comportements peuvent avoir des conséquences néfastes sur votre enfant et l'inciter à abandonner. Se chamailler dans les estrades lors d'un match de hockey, chercher à se substituer à l'entraîneur, mettre une énorme pression sur les épaules du jeune ou attendre un « retour » sur votre investissement – combien de fois ai-je entendu la phrase : « Je n'ai pas dépensé tout cet argent pour que tu perdes en première ronde ! » Ces comportements sont improductifs. Les études sont formelles à cet égard : l'implication des parents, si elle est mal gérée, peut amener le jeune à délaisser son activité. Elle peut aussi être une cause de dépression et altérer sérieusement la relation entre les parents et leur enfant.

Peut-être croyez-vous aussi, à tort, qu'apprentissage ne rime pas avec plaisir. Combien de fois m'a-t-on dit, sur un ton de reproche, que les jeunes ont « trop de plaisir » lorsqu'ils s'entraînent sous ma direction ?! Pourtant, c'est dans le plaisir que l'enfant se dépasse.

Mes recherches, mes lectures et ma formation m'ont convaincue qu'un guide pour vous aider, lorsque vous êtes engagé dans ce processus, est nécessaire. Que le contexte soit la musique, la danse ou le sport, il s'agit bien d'un **processus** que vous traverserez tout au long des progrès de votre enfant. Et ce processus demeure largement méconnu… Ce parcours n'est pas en ligne droite. Il est normal de devoir affronter régulièrement des obstacles. Une fois devant la haie, vous avez le choix : vous pouvez foncer dedans ou sauter par-dessus ! J'aimerais vous aider à éviter le plus d'obstacles possible…

J'en étais à ce point de mes réflexions lorsqu'une amie m'a suggéré de rencontrer Christiane Despatie, la mère du plongeur Alexandre Despatie. Elle pensait que Christiane pourrait me fournir la matière qui manquait à mon livre. « Elle a un vécu exceptionnel, elle est très généreuse et c'est une personne très dynamique. » S'en est suivi ce que Christiane et moi appelons depuis « la fameuse rencontre au Starbucks ». C'était il y a un peu plus de deux ans. Christiane et moi devions converser pendant 30 minutes. La rencontre a duré trois heures et demie… Comme dit Christiane, c'est là que nous avons constaté que Starbucks mettait un ingrédient spécial dans son café…

Au fil des mois, nous nous sommes liées d'amitié. À un moment, une ampoule s'est allumée dans ma tête : j'ai dit à

Christiane que son expérience de parent, son vécu et l'histoire de sa famille jumelés à mon point de vue technique constituaient une combinaison incroyable. Entretemps, elle avait contacté sa grande amie Lise Dufour, «une psychologue formidable» qui reçoit de nombreux athlètes et parents d'athlètes en consultation. Nous avons convenu que l'apport d'une psychologue serait plus que bienvenu, et Lise a accepté sans hésitation de s'associer au projet. Ses commentaires sont intégrés dans le texte.

Au fil de la rédaction, Christiane, avec son expérience de parent d'athlète, et moi-même, avec mon vécu d'entraîneur, avons ponctué de commentaires spécifiques chacun des chapitres.

Le plaisir est le premier thème sur lequel nous nous penchons, puisque c'est le plaisir que l'enfant éprouve à prendre part à une activité en famille qui influencera souvent le choix de sa discipline. C'est d'ailleurs ce sujet que nous abordons ensuite, doublé de la dimension du rêve chez l'enfant, du rôle essentiel du parent ainsi que des perspectives différentes du père et de la mère. Comment choisir les mots justes ou distinguer entre talent et potentiel? Comment s'articule le triangle enfant, parent, entraîneur? Ce sont là d'autres thèmes traités dans l'ouvrage, ainsi que la gestion harmonieuse de la vie familiale malgré les contraintes des horaires serrés, et les erreurs à éviter. Nous ne pouvions évidemment passer sous silence les moments difficiles et le coût associé à la recherche de la performance, ainsi que la possibilité de l'échec et ses bons côtés. Enfin, lorsque les jeunes veulent aller plus loin, nous nous attaquons aux défis de la performance de haut niveau et nous vous rappelons que, oui, il y a une vie après l'atteinte du sommet...

Notre objectif n'est surtout pas de vous proposer un manuel d'instructions. Il s'agit plutôt de vous offrir un guide.

Le meilleur conseil que je puisse vous donner d'emblée est celui-ci : suivez votre intuition de parent, elle ne vous trompera jamais. Si je vous dis d'aller à gauche et que votre intuition vous dit d'aller à droite, de grâce, allez à droite ! Il faut savoir vous faire confiance et utiliser les bons outils pour prendre les meilleures décisions. Puisse ce livre vous fournir ce coffre à outils !

– Séverine Tamborero

■ ■ ■

Lorsque j'ai rencontré Séverine, je donnais depuis un an des conférences à des parents qui s'apprêtaient à accompagner leur enfant aux Jeux olympiques pour la première fois. Je voyais des parents qui croyaient partir en vacances, d'autres qui étaient persuadés, au contraire, qu'ils vivraient un enfer. Accompagner son enfant aux Olympiques est une expérience indescriptible où le plaisir voisine souvent avec l'angoisse. On se lance dans l'inconnu et on doit gérer beaucoup d'émotions.

C'est avec joie que j'ai accepté de partager avec Séverine mes observations sur le vécu des parents. Je me suis forcément retrouvée à côté de nombreux parents dans les estrades – Séverine n'a pas eu le « bonheur » d'entendre ce qui se dit là ! On a beau vouloir faire la sourde oreille, on saisit quand même à l'occasion des choses qu'on préférerait ne pas entendre, et on voit aussi des choses qu'on ne veut pas toujours voir…

Au fil des ans, je me suis rendu compte que mon expérience familiale a aidé plusieurs parents. Les gens me demandent souvent comment Pierre, mon mari, et moi avons fait pour produire un champion tout en maintenant une vie familiale harmonieuse. Pour être franche, on a pris ça comme ça venait !

Les mots «simplicité» et «bonheur» nous ont servi de guides à tous les deux depuis le début. Tout au long du processus qui a conduit aux succès d'Alexandre, nous avons tenté de faire en sorte que tout soit très simple, quel que soit le niveau que nos enfants avaient atteint dans leur développement, à travers les échecs comme à travers les victoires. Nous avons voulu que tout le monde soit heureux. Pas seulement les enfants. Les parents aussi!

Je tiens à reprendre à mon compte la mise en garde de Séverine: le livre que vous tenez entre vos mains n'est pas un manuel d'instructions! Il n'existe pas de mode d'emploi pour élever un enfant aux talents exceptionnels. C'est un exercice parental qu'il faut développer pas à pas. Bien des parents se découragent, car cela exige un investissement de temps considérable. Cependant, quand votre enfant a du talent et qu'il met toute sa passion dans la discipline de son choix, c'est votre devoir de l'accompagner aussi loin qu'il le souhaite, sinon vous passez à côté d'un apprentissage très enrichissant.

C'est mon expérience que je viens partager avec vous, ainsi que celle de ma famille et d'autres parents que j'ai côtoyés. Je vous souhaite la meilleure des chances, et j'espère que vous réussirez à garder les choses simples.

– Christiane Despatie

■ ■ ■

Au cours de ma carrière de psychologue spécialisée auprès des adolescents, j'ai eu la chance de rencontrer une multitude de parents. Je ne connais pas de parents parfaits, mais je connais beaucoup de parents aimants, sincères et désireux de donner le meilleur d'eux-mêmes à leurs enfants. Je suis reconnaissante à Séverine et à Christiane de m'avoir invitée à partager, par l'entremise de ce livre, les réflexions que m'ont inspirées leurs propos. Elles ciblent les attitudes qui auront un effet positif sur votre enfant, en tout temps, et notamment en lien avec ses activités.

– Lise Dufour

CHAPITRE 1
Le plaisir avant tout

*Pour être un bon joueur de hockey, il faut beaucoup
de détermination et de travail, mais, surtout, il faut avoir du plaisir
à jouer. N'oubliez pas de vous amuser sur la glace.*

– MARC-ANDRÉ FLEURY,
gardien vedette des Penguins de Pittsburgh

On dit souvent qu'il faut souffrir pour être belle… mais FAUT-IL SOUFFRIR POUR ÊTRE BON ? Force est de constater qu'une perception dans ce sens sévit dans le milieu du sport et d'autres activités, en particulier durant la période où vos enfants font l'apprentissage d'une nouvelle discipline. Faut-il souffrir pour briller dans un sport, être un bon musicien ou un bon danseur, afin d'améliorer ses performances ?

Un grand nombre d'athlètes hypothèquent leur santé et malmènent leur corps au nom de la performance. Est-ce qu'ils souffrent ? Une ballerine qui commence à faire des pointes souffre-t-elle ? Sans doute, mais cette souffrance lui appartient. C'est un choix que ces individus assument et acceptent. Ils vous diront qu'ils ont du plaisir à faire ce qu'ils font, que se dépasser de cette façon est le fruit du travail accompli – leur récompense.

Les anciens sportifs et les athlètes en herbe tiennent le même discours : s'ils n'éprouvaient pas de plaisir à se livrer à leur activité de prédilection, ils cesseraient de le faire, tout simplement ! Mais comment se fait-il que la notion de plaisir soit si mal vue dans le monde de la performance et dans la société en général ?

Le premier contact d'un enfant avec une activité et le plaisir qu'il en retire sont souvent décisifs. Êtes-vous un mordu de natation ? Il y a de bonnes chances que votre enfant apprécie les sports nautiques dès sa plus tendre enfance. Êtes-vous plutôt amateur de tennis ? Ne soyez pas étonné que fiston vous demande de lui procurer une raquette avant d'avoir atteint l'âge de raison… Vous devez toujours garder en tête que votre enfant doit avoir du plaisir et que, comme parent, vous êtes là pour le soutenir en toutes circonstances. Les jeunes qui profitent le plus du soutien de leurs parents sont souvent ceux qui ont le plus de plaisir à s'adonner à une activité ; aussi, ce sont rarement ces jeunes qui sont tentés de décrocher au bout de quelques années.

Prenez plaisir à jouer avec vos enfants. Le jeu leur est nécessaire. Des études récentes indiquent que le jeu libre – c'est-à-dire pas forcément organisé ou éducatif – est un élément essentiel à leur développement moteur, social, affectif, cognitif et psychologique[1]. Cela fait d'eux des êtres plus créatifs, mieux adaptés, plus intelligents et moins stressés. N'hésitez donc pas à faire place à votre spontanéité !

Lorsque des jeunes s'engagent plus sérieusement dans une activité à une étape spécifique de leur développement, c'est habituellement parce qu'ils se sont découvert une PASSION pour cette discipline. Or, qui dit passion dit plaisir intense…. Quand votre enfant, à force de passion et de persévérance, accède à un niveau supérieur dans la pratique d'une activité, soyez certain que c'est surtout parce qu'il y prend un grand plaisir.

Le plaisir est une valeur, la rigueur aussi. Et il est tout à fait possible de marier les deux! Le plaisir permet deux choses : la persévérance de votre enfant dans son activité, et l'envie de se dépasser. N'en doutez pas : votre enfant sera davantage porté à se donner au maximum si l'élan vient de lui et non de son entourage (parents, entraîneurs, professeurs).

Demandez régulièrement à votre enfant s'il aime son activité, et observez le temps qu'il met à vous répondre. Avant de poser une deuxième question, laissez-le parler librement et écoutez-le.

Le mot de Séverine

C'est vous, parent, qui exprimez la plus grande méfiance à l'égard du plaisir que peuvent éprouver vos enfants durant leurs activités. Régulièrement, comme entraîneur de tennis, je me fais faire des reproches parce que mes jeunes athlètes éprouvent un plaisir évident sur le terrain. Ils ont du plaisir à se dépasser et ils ont toujours hâte de venir s'entraîner – ce qui, à mon avis, est très bon signe.

Certains parents croient à tort que des manifestations de plaisir traduisent un manque de rigueur à l'entraînement : ils ne veulent pas dépenser leur argent « uniquement pour que leur enfant s'amuse » ... Un enfant de neuf ans m'a déjà dit qu'il avait dû cesser de rire sur le court de tennis à la demande de ses parents, ces derniers estimant que cela ne faisait pas « sérieux » ...

Pourquoi un tel malaise ? J'ai réalisé que les entraîneurs et les parents qui expriment une méfiance à l'égard de la notion de plaisir sont souvent ceux dont les enfants obtiennent de moins bons résultats. Curieusement, certains parents qui sont d'anciens athlètes, qui ont détesté leur carrière sportive parce qu'ils n'avaient pas de plaisir, sont ceux qui demandent à leur enfant d'être « sérieux » et de ne pas trop avoir l'air de « s'amuser ». Ils leur disent que c'est de cette façon que l'on obtient des résultats. Aïe !

Un jour, une mère a suivi un cours de tennis avec moi en remplacement de sa fille, qui ne pouvait se présenter. Elle était exigeante envers son enfant et insistait sur la rigueur à l'entraînement. À la fin du cours, elle m'a dit qu'elle ne s'était jamais autant amusée. Je lui ai demandé si le cours avait été instructif. Elle a répondu par l'affirmative. Je lui ai alors fait remarquer qu'il en allait de même pour sa fille : qu'il était possible d'apprendre tout en ayant beaucoup de plaisir ! Pour elle, c'était une révélation !

LE PLAISIR COMME DÉCLENCHEUR

Pour les enfants en bas âge, le plaisir devrait primer sur tout le reste. Il est difficile de fixer un âge pour cette période, car il peut varier selon l'enfant et la discipline. Votre enfant fait de nouvelles rencontres et partage son plaisir avec d'autres jeunes de son âge, qu'il s'agisse d'un sport d'équipe ou de toute autre activité. L'entraîneur ou le professeur doit être conscient que la personne qui est devant lui n'est pas un adulte, mais bien un enfant. Comme parent, vous devez jouer un rôle de facilitateur. Par ailleurs, à titre de bénévole, vous pourriez aider au transport des enfants ou seconder l'animateur, par exemple. Vous pouvez notamment contribuer à la vente de billets pour un concert des enfants, faire de la publicité pour l'événement ou participer à la préparation d'un goûter servi après l'activité. C'est à cet égard que votre contribution de parent sera déterminante pour le développement de votre enfant. L'effet sera décuplé si toute la famille participe.

Lors de matches, de concerts ou de spectacles auxquels participent vos enfants, il est normal qu'ils soient joyeux, surexcités, voire stressés. Le rôle de l'entraîneur, de l'animateur ou du professeur sera de se montrer compréhensif, d'adopter une attitude positive et de laisser à l'enfant une certaine autonomie.

Le vôtre sera de partager la joie et les peines de votre enfant et de lui apporter tout le soutien dont il a besoin, tout en demeurant lucide par rapport à ses attentes et à ses ambitions. Bref, votre rôle est de rester un parent.

DU PLAISIR POUR VOUS AUSSI!

Vous impliquer dans l'activité de votre enfant vous apportera, à vous aussi, du plaisir et d'autres bénéfices. Selon une étude[2] parue en 2009 dans le *Journal of Sport and Exercise Psychology*, les parents de jeunes sportifs rapportent les bienfaits suivants:

- les activités de leur enfant les ont obligés à mettre au point des stratégies de gestion du temps;
- l'exemple de leur enfant les a incités à faire du sport eux-mêmes;
- la communication avec leur enfant s'est améliorée grâce aux nouvelles occasions d'échanges (pendant les trajets en voiture, commentaires et conseils, entre autres);
- les communications sont devenues plus ouvertes avec leur conjoint, puisque les parents doivent concilier des vues souvent opposées sur la manière de se comporter avec leur enfant;
- l'activité de leur enfant a favorisé la création d'un réseau social, en particulier par l'entremise de nouvelles amitiés avec les parents des autres enfants engagés dans la même activité;

- ils contrôlent mieux leur comportement dans les estrades pour éviter de faire mauvaise impression sur ces nouvelles relations.

On voit bien que non seulement vous-même, mais toute la famille profitera de votre participation dans l'activité de votre enfant.

Le mot de Christiane

Lorsque nos enfants étaient jeunes, l'important pour Pierre, mon mari, et moi était qu'ils s'amusent dans toutes les sphères de leurs activités. Les questions que nous devons nous poser comme parents sont les suivantes :

- Est-ce que nos enfants semblent heureux dans leurs activités ?
- Est-ce que nous réussissons à garder les choses simples dans l'emploi du temps de chacun ?
- Est-ce que toute la famille se sent à l'aise dans cette situation ?

Autrement dit, tout se mesure en fonction du bonheur et du plaisir. Prenons l'exemple du ski, qui a été le coup d'envoi aux activités sportives d'Anouk et d'Alexandre. Notre objectif était d'avoir du plaisir en famille en pratiquant notre sport préféré. Le plaisir était au rendez-vous avant, pendant et après le ski.

Arthur Benfeito, le père de la plongeuse Meaghan Benfeito, m'a déjà dit que la plus grande punition pour elle c'est de ne pas pouvoir aller plonger. Comme tous les athlètes de son niveau, elle se passionne pour son sport.

«J'AI EU TELLEMENT DE PLAISIR AUJOURD'HUI!»

C'est la phrase qu'a prononcée Alexandre Despatie après avoir remporté la médaille de bronze au tremplin de trois mètres lors de la Coupe du monde, à Londres, le 22 février 2012. Il y a surpris tout le monde, y compris lui-même, puisqu'une blessure au genou l'avait obligé à mettre fin à son entraînement pendant neuf mois. Ce soir-là, Alexandre venait d'assurer sa participation aux Jeux olympiques de 2012, à laquelle on ne croyait plus...

Le plaisir est donc la clé du succès. C'est un champion olympique qui le dit...

CHAPITRE 2
Choisir la bonne discipline

Trop tôt, trop vite.

– BROOKE DE LENCH,
auteur de *Home Team Advantage*

La plupart des enfants font du sport ou une autre activité dès leur jeune âge. Le sport est bon pour leur santé et leur permet de se faire des amis et d'acquérir une discipline, tout en contribuant à leur estime de soi et à leur intégration dans la société. Il aide également à développer leurs habiletés motrices. La musique – des études récentes l'ont montré – contribue au développement de certaines régions du cerveau et des aptitudes langagières, ainsi que de l'oreille et du sens du rythme, entre autres choses[3].

FAUT-IL CHOISIR?

Comment choisir la discipline qui convient le mieux à votre enfant? En réalité, cette question n'est peut-être pas pertinente lorsque l'enfant est jeune. Selon plusieurs études, il est en effet préférable qu'un enfant en bas âge s'initie à plusieurs sports ainsi qu'à d'autres disciplines telles que la musique, la danse ou encore les langues étrangères – la liste des possibilités est très longue. Votre enfant sera ainsi en mesure de faire une sélection par la suite. Il faut garder à l'esprit qu'en fin de compte le choix lui revient.

Le mot de Christiane

Quand Alexandre et Anouk étaient très jeunes, Pierre et moi tenions à pratiquer un sport rassembleur pour avoir du plaisir en famille, et le ski était notre sport de prédilection. À 18 mois, Alexandre descendait la piste de ski la couche aux fesses et la suce dans la bouche. Le soir, il dormait avec ses petits skis qui formaient une face de clown quand on les collait ensemble, ce qui l'amusait beaucoup.

Quand les enfants ont commencé à faire du plongeon, ils ont continué à skier tous les deux. Alexandre suivait des cours de ski et faisait partie de l'équipe de compétition. Ensuite, pendant une année ou deux, il a combiné le ski, le plongeon et le football. Avant de gagner aux Jeux du Commonwealth à 13 ans, il s'entraînait au football l'automne, tout en continuant à faire du plongeon et du ski, sport pour lequel il était incroyablement doué. Le fait d'avoir pratiqué plusieurs sports dans son enfance l'a certainement aidé à faire un choix et à se développer comme athlète.

Plusieurs facteurs peuvent influencer le choix des activités : les amis, des considérations pratiques telles que le transport, votre disponibilité, les activités offertes à l'école, l'horaire, les coûts et ainsi de suite. Les circonstances aussi. Par exemple : avez-vous un piano à la maison ? Parmi les autres choses importantes dont vous devez tenir compte, mentionnons :

1) La prédisposition physique et le tempérament

Il n'est peut-être pas indiqué d'envoyer un enfant plutôt frêle pratiquer un sport exigeant de la force, ou un jeune avec une carrure imposante faire de l'athlétisme, du trampoline ou de la gymnastique – peut-être aimerait-il mieux le football ou le soccer. Votre enfant doit essayer diverses activités. Il est aussi important de faire un choix qui convient à son tempérament. Par exemple, si votre enfant est de tempérament explosif et gère mal les échecs, il sera très malheureux dans un sport individuel ou dans une discipline comme le piano. S'il est très timide, vous pourriez être tenté de l'inscrire à un sport d'équipe. Toutefois, ce n'est pas toujours une bonne idée. Certains enfants timides s'épanouissent davantage dans un sport individuel. Si vous croyez que le sport choisi n'est pas le bon, laissez votre enfant jouer et il s'en rendra compte par lui-même.

Le mot de Séverine

Quand j'avais huit ans, mes parents ont voulu me faire pratiquer le patinage artistique, un sport qu'ils trouvaient très mignon. Sauf que... je n'avais pas le physique de l'emploi et je n'aimais pas le froid. Mon costume avait beau être superbe, mon incursion au royaume du patinage artistique a été de courte durée...

2) Le comportement social

Le jeune âge est la période où les entraîneurs « détectent » les enfants qui montrent du « potentiel » pour leur sport. Il est fort possible que l'on vous approche en vous disant que votre jeune a le physique de l'emploi, ou qu'il a du talent. Les entraîneurs se trompent rarement, mais il arrive que certains d'entre eux ne cherchent qu'à augmenter les effectifs de leur groupe. La vigilance est donc de mise. Suivez votre intuition, mais écoutez aussi le désir de votre enfant. Le jeune peut fort bien aimer un sport pour des raisons autres que la performance ou le plaisir de la compétition. Souvent, l'élément social prend le dessus. Il se fait des amis et ce cercle devient très important pour lui.

Le mot de Séverine

Prenons l'histoire de deux jeunes filles que nous appelions « les Freddies » parce qu'elles s'appellent toutes les deux Frédérique.

Être entraîneur m'a donné l'occasion de rencontrer des jeunes extraordinaires et de forger de belles amitiés. J'ai été responsable d'un programme junior pendant huit ans, et je devais faire une sélection chaque année pour constituer mon groupe. Pour moi, les valeurs et l'attitude d'un jeune passent avant le potentiel. Toutefois, cette année-là, deux jeunes filles se sont présentées à l'évaluation avec « la totale » : drôles, du talent à revendre et de belles valeurs. J'ai sélectionné ces deux jeunes filles, qui se prénomment toutes les deux Frédérique. Immédiatement, une chimie s'est installée entre ces deux athlètes. Elles fréquentaient la même école. L'une était passionnée de tennis, l'autre avait aussi une passion, le racquetball. Les deux ont tissé ensemble une amitié très étroite.

Elles ont continué à évoluer avec moi au sein du programme, et l'amitié entre elles et moi a grandi avec les années. Un jour, l'une d'elles m'a informée qu'elle quittait pour un an afin d'aller s'entraîner en Floride. Cette nouvelle venait forcément avec son lot de larmes, et je savais que l'autre Fred allait trouver cette situation très difficile, la raison principale de sa participation au programme étant son amitié avec la première. Elle a décidé de revenir quand même, mais elle était tellement triste qu'en décembre de la même année je lui ai suggéré de faire le grand saut et de songer à faire du racquetball à temps plein – elle était consciente qu'il lui aurait fallu choisir entre les deux sports un jour.

Elle n'en revenait pas : en fait, elle venait elle-même de prendre cette décision sans m'en parler, et elle m'a demandé comment j'avais su qu'il était temps pour elle de quitter. Je lui ai répondu que je savais que sa complicité et son amitié avec Fred avaient joué un rôle important, que le départ de son amie avait changé la donne, et que faire du sport devait la rendre heureuse et non malheureuse.

Le détachement s'est très bien fait. L'une est revenue un an plus tard, l'autre est championne du monde dans sa catégorie au racquetball. Le plus beau de l'histoire, c'est que nous nous voyons toutes les trois au moins une fois par année !

La morale de cette petite histoire, c'est que l'attachement à un sport peut être motivé par autre chose que le talent du jeune. Il ne faut pas l'encourager dans un sport seulement parce qu'il a du talent, mais aussi parce qu'il aime l'environnement dans lequel il pratique ce sport.

3) Les goûts de l'enfant

Même si vous orientez davantage votre enfant vers un sport pratiqué en famille, il se pourrait qu'il manifeste une préférence pour une autre activité. Il est important de le laisser se familiariser avec l'activité de son choix lorsque vos moyens financiers et votre emploi du temps le permettent. L'enfant se sentira valorisé d'avoir été consulté, et les chances qu'il prenne plaisir à l'activité qu'il a choisie seront meilleures. Il est capital que l'enfant se sente respecté.

De temps à autre, prenez du recul et regardez votre enfant agir : vous apprendrez beaucoup sur lui. Mieux connaître son enfant est indispensable quand vient le moment de choisir la bonne discipline ou de lui apporter soutien et encouragement. Le jeu est une occasion privilégiée d'observer votre enfant. Vous pourrez détecter sa joie, sa tristesse ou son ennui.

4) Les expériences positives

Un enfant qui ne prend pas plaisir à une activité sera plus à risque de décrocher. Il en va de même s'il vit régulièrement des échecs. Par exemple, un enfant qui est gardien de but au hockey et dont l'équipe se fait lessiver à chaque match se découragera rapidement. Inversement, si votre enfant ne montrait aucune disposition pour la natation mais brille dans l'équipe de soccer de son école, vous pourriez l'encourager dans cette voie. Notez toutefois qu'il est également important que votre enfant apprenne à perdre avant de gagner.

5) Votre soutien

Les parents sont habituellement les premiers à initier leur enfant à un sport. Le premier contact qu'il aura avec cette activité sera décisif. Vous êtes là pour soutenir votre enfant, dans la victoire comme dans la défaite. Plus les jeunes bénéficient du soutien de leurs parents, plus ils ont confiance en eux-mêmes. Cet élément constituera plus tard un facteur important dans la transition vers la haute performance, si tel est le scénario qui se concrétise.

VIRTUOSE À CINQ ANS?

Dans la société de performance qui est la nôtre, le piège de la spécialisation précoce vous guette. Nombreux sont les parents qui succombent à la tentation d'encourager leur enfant à pratiquer une activité exclusive beaucoup trop tôt. Sauf exception, un enfant ne devrait pas se spécialiser dans une discipline avant l'âge de dix ans, comme le confirment les études citées plus loin. À huit ans, votre enfant est trop jeune pour sacrifier sa vie d'enfant et s'entraîner trois heures par jour, cinq jours par semaine. Interdire à un enfant qui joue du piano de s'adonner au hockey parce qu'il doit protéger ses mains, par exemple, est excessif. Dans son ouvrage *Home Team Advantage*, Brooke de Lench mentionne qu'il y a un côté négatif au succès prématuré. Voici quelques exemples de ce qu'elle avance. Un enfant qui réussit tôt:

1) développera ses capacités physiques plus vite et sans effort;
2) devra atteindre de plus hauts standards à un jeune âge;
3) a tendance à trop se définir par la défaite ou le succès.

Il importe aussi de noter qu'à cause du succès de l'enfant, le parent peut avoir tendance à le pousser à se spécialiser trop tôt ou à s'entraîner à l'excès. Cela pourrait donner lieu à des dépressions ou à des blessures évitables.

Le gros bon sens doit primer. Ainsi, certaines disciplines peuvent exiger que l'enfant se concentre sur une activité un peu plus tôt: en gymnastique, par exemple, la carrière peut se terminer à 15 ans. Par contre, pour l'escrime, elle peut débuter beaucoup plus tard. En musique, elle commence rarement avant le début de la vingtaine. Ce qui compte, c'est de maintenir un équilibre.

Le mot « sacrifice », j'en parlerai plus loin, ne fait pas partie de notre vocabulaire familial. Par contre, on doit reconnaître que l'enfant qui se spécialise trop tôt sacrifie une partie de sa jeunesse, qu'il ne pourra jamais récupérer. Quand les enfants sont jeunes, c'est un sacrifice pour eux que de ne pas aller jouer dehors avec leurs amis. Jouer avec ses amis est une chose que nous avons même dû imposer à Alexandre. Les amis sont si importants !

Nous n'avons rien fait sans l'accord d'Alexandre, nous n'avons jamais forcé la note. Et nous avons été toujours attentifs aux signaux d'alarme : était-il fatigué ou débordé ? Avait-il de la difficulté à dormir ? Manquait-il d'énergie ?

À une certaine période, nous avons dû faire des choix parce que nous manquions de temps. Alexandre a opté pour le plongeon. De son côté, Anouk a continué à faire du ski. Nous sommes l'antithèse de la famille où les enfants suivent les traces de leurs parents. Alexandre a pris lui-même sa décision. Sauter d'une plate-forme de 10 mètres lui procurait des sensations qu'aucun autre sport ne pouvait lui apporter !

QUE CONCLUENT LES ÉTUDES ?

Les jeunes athlètes devraient-ils se consacrer très tôt à un sport particulier (« leur » sport) ou devraient-ils plutôt développer l'ensemble de leurs capacités motrices par l'entremise d'une multitude d'activités sportives ? Les études qui se sont penchées sur la question soutiennent de façon écrasante la seconde approche. Un certain nombre de recherches menées en Russie, en Allemagne de l'Est et en Suède soulignent les qualités des jeunes athlètes qui se spécialisent précocement (approche considérée comme typiquement nord-américaine), par opposition aux caractéristiques de jeunes athlètes qui se spécialisent de façon plus tardive et pratiquent plusieurs sports jusqu'à l'âge de 14 ou 15 ans. Les données montrent que les « spécialistes précoces » améliorent rapidement leurs performances et obtiennent leurs meilleurs résultats vers 15 ou 16 ans ; cependant, ils affichent un taux élevé de *burnout* à l'âge de 18 ans et sont plus vulnérables aux blessures à cause de lacunes dans leur développement physiologique global.

En revanche, les jeunes athlètes qui prennent part à plusieurs activités sportives avant de se spécialiser obtiennent leur meilleure performance passé l'âge de 18 ans, ont de plus longues carrières athlétiques, sont constants, progressent d'une compétition à l'autre et subissent moins de blessures. Ces résultats ont été reproduits par Carlson dans une étude marquante sur les joueurs de tennis d'élite en Suède[4].

Jean-Guy Ouellette, directeur de la recherche à Québec en Forme, a effectué une étude sur l'état de la participation sportive au Québec. Ses travaux ont été rapportés dans le quotidien *La Presse* du 21 décembre 2007 sous le titre « Constat d'échec pour le modèle sportif québécois ». Au fil de cette étude menée dans 29 villes, M. Ouellette a rencontré 155 organismes de sport et loisirs, il a fait une tournée de 29 écoles et fait remplir des questionnaires aux parents de plus de 2000 jeunes âgés de 4 à 12 ans. Son constat : « Le modèle sportif que nous nous sommes donné au Québec mène au décrochage. On pousse le jeune dans un monde compétitif trop rapidement, plutôt que de le laisser se développer, s'initier à différents sports et avoir du plaisir. »

L'article note aussi que beaucoup de Québécois sont obsédés par le développement des sportifs d'élite. Cet aveuglement entraîne la spécialisation prématurée dans un sport, une sélection des meilleurs athlètes parmi de très jeunes sportifs et, par conséquent, l'attente de la performance à un très jeune âge également. Il est intéressant, et en même temps très triste, de réaliser que la spécialisation précoce et le passage trop rapide au sport d'élite empêchent le jeune de se développer correctement sur le plan moteur.

« C'est une phase critique », dit Jean-Guy Ouellette au sujet de la période durant laquelle les jeunes enfants ont intérêt à pratiquer plusieurs activités physiques. « C'est ce qui va permettre à l'enfant de mieux s'équiper pour développer les aptitudes nécessaires à la pratique d'un sport précis dans quelques années, mais on le fait très peu et pas assez longtemps. » M. Ouellette note également que, jusqu'à l'âge de six ans, c'est aux éducateurs, aux parents, aux garderies et aux professeurs d'éducation physique d'encourager ce développement psychomoteur.

Il semble donc évident que vos enfants ont intérêt à s'initier à différentes disciplines et à pratiquer différents sports quand ils sont tout jeunes. C'est préférable pour le développement de leurs habiletés motrices, pour leur santé et pour leur condition physique. Leur appréciation du sport et le plaisir qu'ils y trouvent en seront décuplés.

CHAPITRE 3
L'importance du rêve

Moi, un jour, je veux être Zinédine Zidane.
Plus tard, je serai comme Maria Callas.
Quand je serai grande, je veux être une danseuse étoile.

– VOTRE ENFANT

Il faut faire place au rêve d'un enfant qui prononce de telles phrases, et il est important qu'un jeune ait un rêve. Qui sommes-nous, comme parent ou comme entraîneur, pour les arrêter dans leur élan ? Si votre enfant veut aller sur la lune à cinq ans, il ira peut-être quelque part un jour... Comme le dit la chanson de Brian Littrell, l'un des Backstreet Boys : « Vise la lune. Même si tu rates la cible, tu atterriras parmi les étoiles. »

Croire en votre enfant et l'encourager est, de loin, l'attitude à privilégier. S'il dit, par exemple : « Plus tard, je veux être Rafael Nadal ! », ne lui répondez pas que cela est impossible, ou par une phrase peu encourageante de type : « On verra ! » Dites plutôt : « C'est merveilleux ! »

Lorsqu'il sera un peu plus âgé, et s'il commence à pratiquer une activité avec plus de sérieux, votre enfant ne devrait pas avoir peur de se fixer des objectifs élevés. Malheureusement, il arrive fréquemment que le parent, par crainte de l'échec, n'encourage pas son jeune dans la quête de son rêve. Au fond, il s'agit de permettre à votre enfant d'acquérir le goût du dépassement plutôt que celui de la performance. Ce principe s'applique à tous les domaines. Prenons le golf : vous devez frapper une balle devant un lac. Serez-vous paralysé par la crainte d'échouer, ou serez-vous plutôt tenté de relever ce défi ?

Le mot de Christiane

« Mamie, on va jouer aux Olympiques et tu vas me donner des notes ! » C'était une belle journée d'été, ma mère était à la maison et Alexandre, qui devait avoir trois ou quatre ans, s'amusait à plonger dans la piscine comme il en avait pris l'habitude. Soudain il a lancé cette phrase à sa grand-mère... Nous avons toujours regardé la télédiffusion des Jeux olympiques, de sorte qu'Alexandre a compris très jeune ce qu'ils signifiaient. Et il comprenait très bien aussi la signification du pointage.

Ma mère, en bonne mamie qu'elle est, lui donnait systématiquement des 10. Imaginez-vous à quel point il est agréable pour un enfant de se faire dire qu'il est le meilleur ! Pour ma part, je voulais tempérer un peu les choses et je lui donnais un 8. Je disais à Alexandre : « Non, ce n'est pas un 10. Seulement un 8. Tes pieds n'étaient pas parfaitement collés. » Quand nous rentrions dans la maison avec nos serviettes, il ne manquait jamais de me demander : « Maman, pourquoi m'as-tu donné un 8 ? »

Déjà, à cette époque, Alexandre rêvait dans sa petite tête de participer un jour aux Jeux olympiques...

UNE ÉCOLE DE VIE

Encourager votre enfant à faire une activité, c'est lui rendre un immense service. Cette activité sera avant tout pour lui une école de vie : elle lui apportera de la discipline, une structure, de la maturité, de nouvelles amitiés, voire la découverte d'autres pays et cultures, si votre enfant est appelé à voyager.

On peut facilement distinguer un enfant qui s'adonne à son activité de prédilection : il est habituellement plus concentré et fait preuve d'une maturité souvent supérieure à celle d'autres jeunes de son âge. C'est justement parce qu'il a une passion ou un rêve. Ce développement de sa personnalité est en bonne partie attribuable au fait qu'il s'est fixé un but – et c'est là ce qui compte le plus. Au bout du compte, le **processus** de développement de la personnalité importe davantage que le **résultat** final. Bref, le dépassement de soi plutôt que la médaille...

Dans ce processus, la notion d'équilibre est primordiale. Avoir un objectif final, et même un objectif très élevé, est fort bien. Mais ce n'est pas parce que votre enfant rêve de devenir un jour athlète olympique ou pianiste de concert, par exemple, qu'il doit accepter de souffrir, de vomir, de se faire insulter par son entraîneur ou son professeur, ou de se faire rabrouer par ses parents. Le processus du développement du futur athlète ou artiste ne suit pas une ligne droite. Il n'est pas seulement ponctué de victoires et de bons coups. L'échec en fait partie. Nous reviendrons sur l'échec, sur ses mauvais et ses bons côtés – oui, il y en a ! – dans un chapitre subséquent.

LA PEUR

Ce qui ne devrait pas faire partie du processus, cependant, c'est la peur. Pour votre enfant, vous imaginez bien que ce sentiment serait tout à fait improductif. Pour éviter que la peur ne s'installe, l'enfant doit avoir appris, en premier lieu, à se faire confiance et à avoir confiance dans le monde extérieur. Les enfants sont des éponges. À cet égard, quand ils sont très jeunes, vos attitudes et vos propres comportements en tant que parent jetteront les bases de leur confiance envers autrui et envers les circonstances de la vie. Si vous êtes détendu, si vous réussissez à dédramatiser les situations en faisant preuve d'humour et si vous évitez de mettre de la pression sur ses épaules, vous offrez à votre enfant un cadeau pour lequel il vous sera reconnaissant toute sa vie.

LA PRESSION

Ce dernier point – éviter de mettre de la pression sur votre enfant – est capital. Une pression indue, de votre part ou de celle d'un entraîneur ou d'un professeur, est probablement la pire ennemie du rêve. Or, le rêve est le moteur du processus de développement chez un jeune qui cherche à se dépasser dans une discipline, quelle qu'elle soit. Le rêve, par définition, ne peut être imposé. Il doit émaner de votre enfant et de lui seul, même si ce rêve a pu être influencé par les activités auxquelles ses parents s'adonnaient avec bonheur.

Lorsque la pression et son acolyte inévitable, la peur, apparaissent dans le décor, une cascade d'éléments nocifs se déclenche. Le doute s'installe. Le plaisir disparaît. Parallèlement, le désir de dépassement chez votre enfant sera menacé en présence de sentiments négatifs, puisque c'est dans le plaisir, et dans le plaisir uniquement, que votre enfant aura envie de se dépasser.

L'INVESTISSEMENT

Comme parent, vous ne devez pas considérer le soutien que vous apportez à votre enfant comme un investissement financier, mais plutôt comme un investissement dans son développement comme personne, et cet investissement ne peut se chiffrer! Moins vous lui parlerez d'argent, mieux cela vaudra. Lui rappeler les sommes que vous avez investies dans sa formation et exprimer le fait que vous attendez « un retour sur votre investissement » lui fera porter un lourd fardeau. Cette pression le privera de son plaisir à pratiquer son activité de prédilection. De surcroît, il ne se sentira pas aimé pour lui-même, mais pour le « rendement » attendu de lui. Offrez à votre enfant les possibilités de se développer dans la discipline de son choix, sans regrets de votre part. Cela sera aussi un cadeau merveilleux.

Le mot de Christiane

Si un enfant caresse un rêve, il faut le nourrir, alimenter ses espoirs. Cela déterminera si votre enfant décidera de consacrer les efforts nécessaires à la réalisation de son rêve. Il faut partager son enthousiasme, sans pour autant tomber dans l'excès.

LE RÊVE DE VOTRE ENFANT… OU LE VÔTRE?

La situation est fréquente, on le sait: le parent qui a été frustré plus jeune dans la réalisation de son propre rêve projette ses ambitions déçues sur son enfant. Il va de soi que cette attitude risque d'entraîner des résultats fort peu convaincants, puisque, il faut le dire et le redire, le rêve doit être celui de votre enfant, et non le vôtre.

Il arrive aussi qu'un parent, n'ayant pas reçu dans son enfance les outils qui lui auraient peut-être permis de réaliser son rêve, soit convaincu que, s'il fournit ces outils à son propre enfant, celui-ci réussira là où il a échoué... Votre devoir de parent est de procurer à votre enfant les moyens dont il aura besoin pour atteindre **son** objectif. Toutefois, prenez garde que cette assistance ne devienne une façon d'exercer sur lui une forme de pression.

Projeter vos rêves sur votre enfant comporte un autre danger : il est possible qu'à un moment donné il veuille mettre fin à son activité ou ait envie d'en choisir une autre, mais persévère uniquement pour éviter de vous décevoir. Il va sans dire que cet effort de sa part ne pourra produire de résultats satisfaisants, puisque le rêve aura cessé d'être le sien.

UNE BATTANTE NOMMÉE MAXIME

«Il ne sert absolument à rien d'obliger un enfant à pratiquer une activité si la motivation ne vient pas de lui», affirme Caroline Mentha, mère de la nageuse de fond Maxime Mentha, ex-championne canadienne du 25 km en eau libre. «J'ai vu à la piscine des parents mettre beaucoup de pression sur de jeunes enfants, avec des résultats désastreux. Ce sont des choses tristes à voir.»

La famille Mentha a connu tout le contraire de cette situation. Très tôt, le rêve de la petite Maxime était déjà bien ancré dans sa tête ; à l'âge de huit ans, elle s'entraînait avant et après l'école. Pour les parents, cela signifiait se lever très tôt. «Je ne suis pas matinale, contrairement à mon mari, raconte Mme Mentha. Pendant des années, j'ai conduit Maxime sur le pilote automatique un matin sur deux. Il fallait partir pour la piscine à 5 h 15. L'arrangement que nous avions est que nous n'utilisions pas de réveille-matin : il fallait qu'elle me réveille au moment de partir, qu'elle soit prête et qu'elle ait pris son petit-déjeuner. Je ne me souviens pas qu'elle ait manqué une seule journée...»

Plus tard, Maxime a systématiquement raté Noël, le jour de l'An et Pâques en famille, puisqu'elle participait à des séances d'entraînement en Floride ou ailleurs à ces moments de l'année. Elle a toujours fait preuve d'une force de caractère peu commune. Les compétitions de nage de fond ont lieu dans des lacs ou des rivières dont les eaux peuvent être très froides. « Elle a terminé certaines courses en état d'hypothermie, refusant obstinément qu'on la sorte de l'eau même si elle ne sentait plus ses membres, se souvient Caroline Mentha. Dans ces circonstances, j'étais forcément inquiète, mais c'était important pour moi de respecter ses choix. De toute façon, même après des compétitions qu'elle terminait à moitié gelée, le lendemain, j'étais toujours plus fatiguée qu'elle… »

UN RÊVE POUR CHAQUE ÂGE

Si, à quatre ans, votre enfant vous annonce qu'un jour il veut devenir astronaute ou champion de soccer, il est tout indiqué de le laisser rêver. Cela ne fera qu'alimenter la confiance dont il aura besoin plus tard pour atteindre ses objectifs, quels qu'ils soient.

Cependant, lorsque votre enfant aura vieilli et acquis une certaine maturité, plusieurs éléments pourront vous amener à nuancer votre soutien inconditionnel à son rêve, en particulier si votre enfant est arrivé à une étape où il doit faire des choix qui auront des conséquences – sur son programme d'études, par exemple. Il faut faire preuve d'honnêteté. Cela vaut aussi, bien évidemment, pour l'entraîneur ou le professeur. Ni l'entraîneur, ni le professeur, ni vous-même n'aiderez votre enfant en alimentant des illusions ou un rêve irréaliste.

Plus le rêve progresse, plus les standards sont élevés et plus les défis sont grands. Au début, l'entonnoir est très large, mais au fur et à mesure que l'intérêt pour une activité spécifique s'accroît, l'entonnoir se rétrécit. Les choix sont plus définis, les exigences sont plus élevées, les attentes aussi.

Trois facteurs, entre autres, peuvent moduler le rêve de votre enfant :

1) L'aspect financier

Les équipements de sport peuvent être coûteux, les instruments de musique également, sans parler du prix des cours et d'autres frais accessoires. Malheureusement, il se pourrait que vous n'ayez pas les moyens d'offrir à votre enfant l'activité qu'il rêve de pratiquer, notamment si plusieurs de vos enfants se découvrent une passion pour un sport ou une discipline artistique. Si tel est le cas, vous devrez lui expliquer la situation franchement, en employant des termes adaptés à son âge. Il est important que votre enfant comprenne que vous êtes peiné de ne pouvoir l'aider à réaliser un rêve précis. Cependant, prenez soin de lui offrir des solutions de rechange. Plusieurs disciplines n'exigent pas de débours importants. Ainsi, des cours de chant ou de guitare seront moins douloureux pour votre portefeuille que des cours de harpe, et le soccer, le basket ou la natation seront moins onéreux que l'équitation.

2) L'aspect émotif

Certains jeunes adorent l'entraînement et s'y montrent très doués, et pourtant ils ne brillent pas lors de tournois ou de compétitions. En général, la cause de ce problème est une difficulté à gérer leurs émotions dans un contexte compétitif. Si votre enfant fait partie de cette catégorie, il pourra se réjouir de s'être développé et de s'être bâti un capital-santé par le sport. Vous pourrez lui expliquer que la compétition n'est pas nécessairement le but suprême de la pratique d'une activité sportive. De plus, comme nous le verrons un peu plus loin, un rêve peut changer, et votre enfant pourrait s'orienter avec bonheur vers une autre activité, différente ou connexe.

Le mot de Séverine

Julien, un passionné de tennis qui s'est entraîné sous ma direction durant plusieurs années, fait partie de ces jeunes qui atteignent de très bons résultats à l'entraînement, mais perdent une partie de leurs moyens en compétition. J'avais gardé le contact avec lui par téléphone et avec quelques entraînements par année. Il y a quelque temps, je l'ai croisé au club de tennis. Il m'a annoncé qu'à la suite d'une semaine d'entraînement aux États-Unis, un entraîneur lui a dit qu'il était de niveau professionnel et lui a conseillé de venir à l'académie et de se lancer dans une tournée professionnelle. Cela signifiait devenir un joueur de carrière et participer à plusieurs séries de tournois.

Emballé par cette perspective, il m'a dit qu'il y pensait sérieusement et m'a demandé conseil. J'aurais dû offrir à Julien de le rencontrer pour que nous en discutions. Je l'aurais amené à réfléchir aux risques que comportait cette proposition. Mais j'ai réagi trop vite et je lui ai dit sur-le-champ qu'il n'avait pas le bagage nécessaire. Il en a été très peiné et il s'en est suivi un froid dans nos relations.

Je savais bien qu'il fallait que je laisse la poussière retomber avant de le relancer après cette rencontre, mais le savoir déçu était un calvaire pour moi. Pendant des mois, pas de nouvelles de Julien. Puis, un jour, il m'a passé un coup de fil. Ouf! Quel soulagement!

Je me suis excusée sur-le-champ d'avoir été si maladroite et, sur-tout, de ne pas avoir pris le temps de l'écouter m'exposer son pro-jet. Il savait que je ne voulais pas mal faire. Plus tard, il m'a confirmé qu'il avait réalisé par lui-même que le stress inhérent au mode de vie d'un tennisman n'était pas pour lui. Tout en demeurant un pas-sionné de tennis, il a réorienté son rêve, mais cette fois en se fon-dant sur ses propres conclusions et non sur les miennes !

3) Le talent

Votre enfant peut se passionner pour une activité pour laquelle il n'est pas particulièrement doué. S'il ne nourrit pas de grandes ambitions dans ce domaine, ce n'est pas très grave. Toutefois, s'il a des projets sérieux, vous devrez lui faire com-prendre avec tact qu'il devrait peut-être choisir une discipline qui soit davantage dans ses cordes.

Vous pouvez également lui expliquer qu'un rêve peut chan-ger, évoluer avec le temps. C'est normal, et même souhaitable. Un athlète qui a de la difficulté à subir la pression ou qui s'in-flige une blessure peut se découvrir des dons d'entraîneur, par exemple. L'actrice Charlize Theron se destinait à une carrière de ballerine lorsqu'une blessure à un genou l'a fait bifurquer vers l'art dramatique. Et c'est à la suite d'une grave blessure à un bras que le danseur de ballet Brian Macdonald s'est tourné vers la chorégraphie. Chorégraphe attitré des Grands Ballets canadiens pendant plusieurs années, il a également signé des chorégraphies pour plusieurs troupes de danse prestigieuses partout dans le monde.

4) Les exigences des structures

Une des choses qui faisaient défaut à Julien, le jeune homme dont il a été question plus haut, est qu'il n'avait pas eu l'occasion, malgré son talent évident, de s'intégrer aux structures officielles qui régissent le sport à partir d'un certain niveau de performance. Au sein des fédérations sportives, les règles sont conçues pour que les jeunes – et les moins jeunes – soient tenus de suivre un parcours qui les conduit des compétitions locales aux compétitions régionales et, de là, aux compétitions provinciales et nationales. Tout au long de ce parcours, les athlètes obtiennent un classement ; sans celui-ci, il est difficile d'accéder à l'étape suivante. De plus, les tournois et compétitions leur permettent d'acquérir un profil international. Si l'on fait partie de structures établies, certaines dépenses sont payées et le jeune a accès à des entraîneurs d'expérience. Ces éléments facilitent la réalisation du rêve…

Le mot de Séverine

Une année, dans mon programme junior, j'ai recruté Jérôme, âgé de six ans. Il a frappé ses premières balles avec des jeunes de son âge dans le cadre d'un programme récréatif. L'année suivante, grâce à son intérêt et à ses habiletés, il est passé à un programme de développement. Jérôme montrait un potentiel certain, au point d'être recruté pour le programme national à l'âge de 10 ans. Ses progrès étaient constants, et sa passion pour le tennis était de plus en plus évidente. Il a été sélectionné par la fédération nationale, ce qui lui donnait accès à plusieurs tournées européennes. Cela s'est avéré une expérience très positive.

Un jour, l'entraîneur en chef m'a fait part de ses doutes sur le potentiel et, surtout, sur le physique de Jérôme, qu'il trouvait «petit» pour son âge. L'été suivant, Jérôme a pris part au championnat national chez les 12 ans et moins, qu'il a remporté malgré toute la pression qu'il subissait déjà. Deux mois plus tard, la fédération a décidé que, malgré ses bons résultats, elle ne voyait pas le potentiel à long terme de Jérôme. Il était anéanti. Même ses parents se demandaient s'il allait persévérer. Pour ma part, je savais que la passion de Jérôme pour le tennis allait l'emporter sur la déception de ne pas avoir été accepté par la fédération.

Sept ans se sont écoulés depuis ces événements. À la suite de ce rejet, Jérôme, à mon avis, a fait une dépression non diagnostiquée qui a duré deux ans. Maintenant tout à fait remis, il fait partie des meilleures raquettes au Canada.

Il est donc possible pour un jeune de réaliser son rêve sans passer par une institution officielle. Il n'y a pas qu'un seul parcours qui le mène à l'atteinte de son objectif, et il doit avant tout croire à son rêve.

Le parcours est sensiblement le même dans le domaine de la musique, où les jeunes s'inscrivent à une série de concours. Cependant, les institutions ont un peu moins de poids dans le cas des artistes, au sens où une brillante soprano pourra être repérée par le directeur d'une maison d'opéra, ou un jeune acteur talentueux, par un réalisateur de cinéma. Rares sont les musiciens qui font carrière sans avoir gagné des concours, mais cette étape se termine assez tôt dans leur vie professionnelle : une fois qu'ils sont connus et appréciés du public, seule leur notoriété leur vaut des engagements. En revanche, la carrière des sportifs est exclusivement axée sur la compétition.

5) La chance et les occasions

Les rayons des librairies regorgent de biographies de célébrités dans lesquelles, très souvent, on peut lire que le succès de ces personnes a été facilité par la rencontre providentielle d'un mentor, d'un professeur ou d'un individu qui a eu une influence marquante sur leur développement. Dans d'autres cas, c'est la chance d'avoir accès à de l'équipement ou à des installations sportives, ou encore à un instrument de musique, qui éveillera l'intérêt de l'enfant.

Le mot de Christiane

Quand nos enfants sont jeunes, nous devons nourrir leurs rêves. Quand ils sont un peu plus âgés, nous devons nourrir les étapes. Six mois avant les Jeux du Commonwealth qui ont lancé sa carrière, Alexandre voulait abandonner le plongeon. Il connaissait une période creuse et se sentait démotivé. Nous lui avons dit : «Tu veux cesser de plonger ? Pas de problème. Il y a une foule d'autres activités que tu peux faire et où tu pourrais t'amuser. »

Le lendemain et le surlendemain, il n'est pas allé à la piscine. Le troisième jour, il nous a dit qu'il s'ennuyait. «Je pense que je vais aller à la piscine demain… » Et il a repris. Il avait simplement besoin de faire une pause. Je ne suis pas certaine que des reproches de notre part ou une phrase du genre : «Nous n'avons pas investi tout ce temps et tout cet argent pour que tu laisses tomber» l'auraient incité à remonter sur le tremplin. Je suis même convaincue du contraire…

AU-DELÀ DES LIMITES

Le rêve ne fait pas de discrimination. Peut-être votre enfant a-t-il subi un accident ou été atteint d'une maladie qui a réduit sa mobilité? Malgré cette situation, ou à cause d'elle justement, il cherche peut-être à se surpasser par la pratique d'un sport en fauteuil roulant ou une autre activité. On songe au violoniste Itzhak Perlman, qui continue de mener une brillante carrière de violoniste – il se déplace avec des béquilles depuis qu'il a été frappé par la polio quand il avait quatre ans. Et on songe à tous les athlètes qui participent aux Jeux paralympiques. Comme parent, vous vous devez de l'encourager, comme vous le feriez pour tout autre enfant.

C'est ce qu'ont fait les parents de Philippe, un sportif qui a commencé à faire du ski à quatre ans. À la fin de l'adolescence, il était le meilleur skieur et golfeur de l'Estrie dans son groupe d'âge. Puis, à l'âge de 21 ans, la vie choyée de cet athlète prometteur a basculé en l'espace d'une semaine.

Sans que les médecins arrivent à comprendre pourquoi, Philippe a perdu l'usage de ses jambes. Il a fallu des examens à répétition échelonnés sur plusieurs semaines pour que tombe le diagnostic: myélite transverse, syndrome neurologique consécutif à une inflammation de la moelle épinière. Ce trouble relativement rare est généralement causé par une maladie sous-jacente. Dans le cas de Philippe, le responsable était un lupus érythémateux systémique, une maladie auto-immune qui s'était déclarée sans crier gare.

Un choc immense

Pour Philippe et ses parents, le choc fut immense. «Le plus difficile a été la période d'incertitude», se souvient sa mère. Nul ne savait alors si Philippe pourrait marcher de nouveau. Puis, lorsqu'il a fallu se rendre à l'évidence et admettre qu'à moins d'un miracle Philippe se déplacerait désormais en fauteuil roulant, l'incrédulité a fait place à la révolte.

« Personne n'est préparé à ce genre de chose, racontent les parents de Philippe. Du jour au lendemain, un grand gaillard en santé ne peut plus marcher. Tout à coup, des détails du quotidien auxquels on n'accordait aucune importance prennent une grande place. » Par ailleurs, les parents se sont sentis laissés à eux-mêmes pour une foule de choses. Les plaies de lit, par exemple, le positionnement sur la chaise. Il fallait tout réapprendre...

Pour Philippe, les cinq années suivantes furent très dures. Les complications médicales se sont multipliées. Il a passé, au total, 500 jours à l'hôpital.

Le sport, planche de salut

« Quand j'étais à l'hôpital, je me suis dit à un moment : si je peux avoir une pause sur le plan médical, je vais me remettre au sport, raconte Philippe. Je sentais que c'était la seule façon pour moi de recouvrer la santé. »

La pause tant attendue a fini par arriver. Dès qu'il a reçu son congé, Philippe a entrepris un programme de mise en forme. Peu de temps après, il emménageait chez sa copine. Par un heureux hasard, un club de tennis se trouvait près de chez elle. Philippe s'y est rendu, et on l'a envoyé à Tennis Canada, qui parraine un programme pour athlètes en fauteuil roulant. Il s'est découvert une passion pour ce sport avec lequel il n'était pas familiarisé. Nous étions alors en 2009.

À partir de ce moment, tout est allé très vite. Au début, Philippe s'entraînait une fois par semaine. Ses progrès rapides lui ont permis d'accélérer la cadence. Un an et demi plus tard, il faisait déjà partie de l'équipe nationale. Philippe ne s'était pas trompé : le sport lui permettait non seulement de retrouver sa santé et son énergie, mais il lui procurait aussi une nouvelle autonomie et, surtout, il donnait un sens à sa vie.

Aujourd'hui, à 30 ans, Philippe a décroché une participation aux Jeux paralympiques… « J'ai vu jouer Yan Mathieu. Je me suis dit : si lui est capable, pourquoi pas moi ? »

Au-delà du handicap

Philippe a entièrement surmonté son handicap, entre autres grâce à son chien d'assistance Mira qui l'a aidé à s'adapter à sa nouvelle vie. « Le fauteuil roulant ? Je n'y pense même plus ! » dit-il. Il attribue sa réussite personnelle et sportive à sa force de caractère. « L'important est de ne jamais lâcher, d'avoir un objectif, un rêve. » Le soutien indéfectible de ses parents a également été un atout précieux. « Ils savent que le sport m'a aidé mentalement et physiquement, et que j'en ai toujours eu besoin pour évacuer mon stress. »

Les conseils qu'il offre aux parents qui ont un enfant dans sa situation ? « Suivez le rythme de votre enfant sans trop le pousser. Impliquez-vous, mais pas trop. Demandez-lui comment il va, informez-vous de ce qu'il désire et aidez-le du mieux que vous pouvez, y compris sur le plan financier. Si la communication est bonne entre vous et votre enfant, il vous dira de quoi il a besoin. »

Quant aux conseils qu'il donnerait à un jeune à mobilité réduite qui veut pratiquer une activité sportive, ils ressemblent beaucoup à ceux que nous donnerions à n'importe quel enfant qui veut se dépasser : « Je lui dirais que le plus important est de pratiquer son sport avec plaisir. Aussi longtemps qu'on s'amuse, l'activité est saine, et c'est lorsqu'on s'amuse qu'on se dépasse. Lorsque l'entraînement devient trop sérieux, les autres sphères de la vie sont affectées et le moral peut en souffrir. Ce peut être le signe qu'il est temps de se poser des questions et d'apporter des changements. »

Le point de vue des parents

Le père de Philippe n'hésite pas à recommander à des parents se retrouvant dans une situation semblable à celle qu'il a vécue de demander l'aide d'un ou d'une psychologue. «Le parent doit d'abord faire son propre cheminement avant de pouvoir comprendre son enfant qui se déplace en fauteuil roulant, dit-il. Il faut parvenir à surmonter un sentiment de culpabilité inévitable.» Ainsi, le père de Philippe a toujours beaucoup aimé le ski, comme son fils. Toutefois, après la maladie de Philippe, il a mis beaucoup de temps à chausser de nouveau ses bottes de ski, parce qu'il trouvait ça injuste pour Philippe. Le ski n'était pas la seule source de culpabilité. «On ne se donne plus le droit d'apprécier les bonnes choses de la vie», dit-il.

Au quotidien, la maladie de Philippe a changé beaucoup de choses pour ses parents. Ils ont vendu leur maison pour emménager dans un logis mieux adapté à une personne en fauteuil roulant. Puisqu'ils passent désormais plus de temps à la maison, ils ont acquis une passion pour la cuisine.

S'ajuster aux nouveaux besoins de Philippe a exigé des débours considérables. «Par chance, nous avions les moyens d'offrir à Philippe tout le soutien matériel dont il avait besoin, ce qui a fait une bonne différence, note son père. Je ne sais pas comment font les gens qui n'ont pas d'argent et qui sont confrontés à pareille situation.»

Les parents de Philippe notent ce paradoxe : «La maladie est responsable du fait que Philippe se déplace aujourd'hui en fauteuil, et pourtant c'est la pratique d'un sport en fauteuil roulant qui l'a aidé à retrouver la santé.» Ils sont particulièrement fiers du fait que leur fils se dépasse grâce au sport et en retire une immense satisfaction. Philippe, disent-ils, est plus heureux que 90 % des gens! «À travers cette épreuve, tous les membres de notre famille sont devenus meilleurs.»

Le courage de Janina Fialkowska

Lorsque la pianiste Janina Fialkowska s'est fait dire par ses médecins qu'elle ne donnerait jamais plus de concerts, elle s'est juré de les faire mentir. En 2001, on a diagnostiqué chez la pianiste montréalaise, qui mène une carrière internationale depuis quatre décennies, une forme de cancer rarissime dans son bras gauche. Après des traitements de chimiothérapie et une opération au terme de laquelle les spécialistes ont préservé le plus de tissu musculaire possible, des chirurgiens ont tenté une intervention expérimentale consistant à greffer dans l'épaule de la pianiste une section d'un muscle de son dos. Ils doutaient néanmoins du succès de leur entreprise.

« Au début, je ne pouvais même pas bouger mon bras, raconte la pianiste. Il fallait que je le soulève avec la main droite pour le poser sur le clavier. » Heureusement, ses doigts répondaient encore bien. Tout en s'imposant un programme de réhabilitation très exigeant, elle a donné des concerts où elle exécutait de la main droite plusieurs œuvres célèbres composées pour la main gauche – pour la plupart, des œuvres composées à l'intention de pianistes qui avaient perdu la main droite ou le bras droit à la guerre.

À force de ténacité, elle a réussi à jouer quelques notes de la main gauche. Puis quelques phrases, puis quelques pièces faciles… « Deux ans plus tard, j'avais presque tout récupéré. Il y a cependant certaines œuvres que je ne peux plus jouer, celles qui comportent des sections dans le registre très grave du clavier. » En avril dernier, l'interprète aujourd'hui âgée de 60 ans se voyait décerner la médaille du gouverneur général pour l'ensemble de sa carrière et, n'en doutons pas, pour son courage et sa détermination.

Janina Fialkowska avait été bien préparée à affronter l'adversité. Toujours soutenue et encouragée par sa mère, dont les ambitions de pianiste avaient été brisées par la Seconde Guerre mondiale, elle a grandi dans un environnement où tout avait été aménagé en fonction de sa passion pour le piano et pour la musique : programme d'études sur mesure, professeurs parmi les meilleurs du monde, mentor éminent – le grand pianiste Arthur Rubinstein, qui a lancé sa carrière. Et, surtout, une volonté à toute épreuve et beaucoup d'ambition. « Je n'ai plus d'ambition aujourd'hui, dit-elle sur un ton très philosophe. La maladie a changé ma façon de voir les choses. Je suis simplement heureuse de pouvoir encore créer de la beauté par la musique. »

L'exemple de Chantal Petitclerc

L'expression « se dépasser » prend tout son sens dans le cas de personnes qui atteignent des sommets tout en surmontant un handicap. La championne paralympique québécoise Chantal Petitclerc constitue l'un des exemples les plus éclatants de ce genre de réussite.

Chantal a 13 ans lorsqu'un terrible accident – une porte de grange s'est effondrée sur elle – lui fait perdre l'usage de ses jambes. À la suggestion d'un professeur d'éducation physique à l'école secondaire, elle commence à faire de la natation pour développer sa force et sa résistance. Puis, à 18 ans, sa rencontre avec un entraîneur de l'Université Laval lui fait connaître la course en fauteuil roulant.

Lors de sa première compétition dans un fauteuil maison, elle finit bonne dernière… mais elle a désormais la piqûre de la course en fauteuil roulant. Ce sera toutefois sa rencontre avec Peter Eriksson, son entraîneur jusqu'à la fin de sa carrière olympique, qui aura une influence déterminante sur sa destinée.

Chantal Petitclerc occupe une place unique non seulement dans l'histoire du sport paralympique, mais dans l'histoire du sport tout court. En plus de briser plusieurs records du monde, elle a réussi l'exploit de remporter cinq médailles d'or aux jeux de Beijing en 2008. Elle raconte dans *16 jours à Pékin* comment son désir d'aller au bout de ses possibilités et sa volonté de se rendre à la limite de ce que son corps pouvait supporter l'ont aidée à réaliser son rêve.

Lorsque nous parlons d'individus qui cherchent à se dépasser, de tels exemples de courage et de ténacité sont les meilleures sources d'inspiration pour tous ceux et celles qui veulent se rendre au-delà de leurs limites, quelle que soit leur situation.

CHAPITRE 4
Le rôle des parents

Être parent ne devrait pas être un sport de compétition.

– Brooke de Lench,
auteur de *Home Team Advantage*

Soutien inconditionnel et équilibre : voilà ce qui devrait guider votre comportement face à l'activité de votre enfant. Par « soutien », nous entendons non seulement l'affection et l'attention parentales nécessaires à tous les enfants, mais aussi le soutien technique et financier. Les recherches montrent que les enfants qui s'adonnent à une activité privilégiée connaissent un développement plus harmonieux et obtiennent de meilleurs résultats s'ils jouissent du soutien de leurs parents à tous égards. Elles révèlent de surcroît que si les enfants décident de poursuivre leur activité à un niveau plus avancé, le soutien des parents augmente leurs chances de succès[5].

Pourquoi « équilibre » ? Parce qu'il est prouvé également que si vous vous impliquez de trop près, vous risquez de nuire au développement de votre enfant et même de le conduire à abandonner. En tant que parent, vous êtes souvent laissé à vous-même dans des situations inhérentes à l'accompagnement d'un enfant dans une activité sportive, et le manque d'information ou de directives peut parfois vous amener à prendre de mauvaises décisions. Comment savoir si j'en fais trop ou pas assez ? C'est l'une des questions que vous devez vous poser. Bien sûr, il ne peut y avoir de règles absolues, mais nous tenterons, dans le présent chapitre, de vous fournir quelques indications. Mieux comprendre votre rôle au fil des progrès de votre enfant facilitera votre communication avec lui, et aussi avec l'entraîneur ou le professeur si votre enfant décide de passer à la prochaine étape. Une bonne communication avec votre enfant, d'une part, et avec son entourage, d'autre part, est essentielle à un développement sain, où tout se déroule sous le signe de la simplicité et du plaisir.

La première chose à retenir, c'est que votre rôle doit évoluer selon les différentes étapes du développement de votre enfant.

Nous préférons ne pas indiquer de groupes d'âge précis à ce stade, puisque ceux-ci peuvent varier selon les activités. Cependant, les trois étapes importantes expliquées ci-après s'appliquent à toutes les disciplines.

LA PREMIÈRE ÉTAPE – L'INITIATION

Lorsqu'il s'agit de musique ou de danse, il est fréquent que la curiosité de l'enfant soit éveillée par l'intérêt des parents pour ces disciplines, mais, en général, l'étape de l'initiation est confiée à un professeur. En revanche, dans le domaine du sport, il n'est pas rare que les parents soient les premiers «entraîneurs» de l'enfant.

Cette réalité fait en sorte que plusieurs parents auront de la difficulté par la suite à faire confiance à l'entraîneur de leur enfant ou encore à lui laisser toute la latitude nécessaire. Cependant, lorsqu'il commence à se familiariser avec un sport, votre enfant s'adonnera généralement à son activité non pas guidé par un entraîneur, mais sous la direction d'un animateur ou d'un bénévole. C'est la première étape...

Il est important de faire la distinction entre **animateur, enseignant** et **entraîneur.** Le terme «entraîneur» – ou *coach* – est surutilisé. L'animateur, qui joue un rôle pendant la période d'initiation, n'a pas nécessairement des connaissances techniques approfondies, et cela importe peu : à ce stade, l'objectif pour votre enfant est de s'amuser, et les aspects techniques du développement n'ont pas à entrer en ligne de compte.

Au moment où votre enfant exprime le désir de passer du sport récréatif ou du jeu à un niveau supérieur, les attentes monteront d'un cran. Cela peut se faire très rapidement. Son développement devra dès lors être plus spécifique et plus rigoureux. C'est à cette étape que vous aurez à choisir un club ou un enseignant ou entraîneur, ou les deux. L'enseignant possède de solides compétences techniques, et c'est grâce à celles-ci qu'il fera progresser votre enfant. Si votre jeune décide ensuite de poursuivre sur sa lancée et de participer à des compétitions, c'est alors qu'il aura besoin d'un entraîneur qui, en plus de voir au volet technique, s'occupera également de la planification des entraînements ainsi que du choix des tournois et de l'organisation des déplacements, le cas échéant. Ces rôles seront définis plus en profondeur dans le chapitre 7, «Le triangle du succès».

LA DEUXIÈME ÉTAPE – LE DÉVELOPPEMENT

À ce stade, votre enfant doit assumer le choix de son activité artistique ou sportive et accepter de renoncer à certains loisirs pour faire plus de place à sa discipline. Son but est «d'améliorer» sa performance. De votre côté, vous devrez probablement, comme parent, faire des choix sur les plans social et financier.

Pendant cette période critique, les attentes augmentent et elles surgissent de toutes parts. C'est à ce stade, en effet, que les parents voudront que les résultats valident leur «investissement» moral et financier. Par ailleurs, les standards de qualification deviennent nettement plus rigoureux. C'est également à cette étape que l'enfant commence à se comparer aux autres (cela peut aussi être le cas du parent!) et que l'esprit compétitif se manifeste. De plus, le professeur (dans le domaine artistique) ou l'entraîneur (dans le domaine sportif) aura forcément des exigences plus élevées. Il devra les communiquer à l'enfant, tout en restant soucieux du respect qu'il doit à son élève et qu'il exige de ce dernier. Les règles de vie (nutrition, sommeil) et la discipline deviendront alors primordiales. Le parent pourra faciliter le maintien de ces règles en offrant à l'enfant une structure et un environnement appropriés. Si ces attentes sont mal gérées, c'est alors que la pression commence à se manifester.

Comment choisir un entraîneur

Est-ce qu'on choisit son entraîneur et son club? Dans plusieurs activités sportives, le parent aura le choix de l'institution ou de l'entraîneur (surtout dans les sports où l'entraîneur est payé au tarif horaire). Par contre, dans d'autres disciplines, l'entraîneur ou le club sera imposé. Vous devrez donc vous assurer, dans ce dernier cas, qu'ils correspondent à vos valeurs. Suivez votre instinct. Vérifiez le profil de l'entraîneur: a-t-il une certification? Quels sont ses résultats? Même dans le sport, il y a un jeu de séduction. Pour maximiser leur recrutement, certains clubs vont jusqu'à monnayer le potentiel de l'enfant, en accordant des privilèges – il s'agit d'une pratique courante qui pourrait donner de faux espoirs à l'enfant et aux parents. D'autres mentionnent qu'ils ont parmi leurs rangs le meilleur entraîneur parce que ses athlètes ont déjà gagné des championnats. La décision peut être difficile à prendre. Un ancien athlète devenu entraîneur n'est pas nécessairement doué pour la pédagogie, et plusieurs des meilleurs professeurs de piano ou de violon n'ont pas fait carrière comme artistes de scène.

La meilleure façon de procéder est, d'abord, de sonder votre milieu dans l'espoir qu'une connaissance, les parents d'un camarade de classe de votre enfant par exemple, puisse recommander un professeur si votre enfant veut jouer d'un instrument de musique, ou un club s'il est intéressé à un sport. Dans le sport, quelle que soit l'activité, le club offre certains avantages ; votre enfant s'y fera probablement des amis, acquerra un sentiment d'appartenance, et l'exemple des autres enfants sera pour lui une motivation constante.

Un climat de confiance

Dans le domaine de la musique, les cours particuliers sont la norme, et il est rare que le parent soit présent durant les cours. Dans le domaine sportif, les choses se passent différemment. Lorsque votre enfant commencera à pratiquer son activité sous la direction d'un enseignant ou d'un entraîneur, il fera généralement partie d'un groupe, et il appréciera au début que l'un ou l'autre de ses parents, ou les deux, assistent à l'entraînement. Vous devrez prendre garde, cependant, de ne pas vous substituer à l'enseignant, autant au niveau du jeu de votre enfant qu'à celui de la discipline : ce n'est pas à vous, mais à l'enseignant ou à l'entraîneur d'évaluer la performance de votre enfant, et c'est à lui de régler les problèmes de discipline, le cas échéant. Une

fois qu'une relation de confiance se sera installée avec l'entraîneur, vous pourrez décider, comme beaucoup d'autres parents,
de profiter des périodes d'entraînement pour faire autre chose.
C'est néanmoins une bonne idée de venir assister aux entraînements de temps à autre. Cela vous permettra de vous assurer
que le climat est toujours bon.

Établir une relation de confiance avec l'enseignant ou l'entraîneur suppose d'abord et avant tout une relation de confiance
entre vous et votre enfant. En effet, si un problème survient,
quel qu'il soit, votre enfant vous en parlera spontanément si
vous avez avec lui une bonne communication. Ce point est
d'autant plus important au vu des scandales récents qui ont
ébranlé le milieu du sport. Même si les cas d'abus demeurent
des exceptions, vous vous devez de rester vigilant et, par-dessus
tout, de faire confiance à votre intuition. Non seulement le plaisir
que votre enfant retire de son activité devra demeurer votre
premier critère en tout temps, mais il représente également la
preuve la plus probante que vous avez fait les bons choix et que
tout se passe bien.

L'âge de votre enfant entre ici en ligne de compte. Autant les
jeunes enfants sont rassurés par la présence de leurs parents et
aiment que ces derniers soient témoins de leurs progrès, autant
les adolescents souhaitent affirmer leur indépendance et préfèrent que leurs parents se déguisent en courants d'air lors des
entraînements. Ce n'est pas que votre ado n'a pas besoin de
votre soutien, mais le désir d'indépendance est normal chez un
jeune de cet âge, et c'est un signe de santé mentale. Au lieu de
vous sentir triste ou rejeté, dites-vous plutôt que vous avez bien
réussi l'éducation de votre enfant. Votre but n'est-il pas, après
tout, d'encourager votre fils ou votre fille à voler un jour de ses
propres ailes?

Apprendre à perdre

Dans *Home Team Advantage*, Brooke de Lench énumère 10 choses à garder en tête lors d'une défaite ou d'une performance moyenne.

1. Réalisez qu'avec le temps, l'expérience et votre soutien, les choses vont s'améliorer.
2. Reconnaissez que la victoire n'est pas la seule chose qui compte dans le sport. Il vaut mieux définir le succès par le processus et non par le résultat.
3. Soyez fier de la persévérance de votre enfant.
4. Expliquez les avantages, sur le plan social, de faire du sport avec des amis ou des camarades.
5. Aimez et soutenez votre enfant, peu importent les résultats.
6. Acceptez votre enfant pour lui-même et non pour ce qu'il accomplit.
7. Maintenez une bonne communication, même lorsque vos points de vue divergent.
8. Prenez toujours le temps de réévaluer votre implication dans le sport de votre enfant.
9. Soyez toujours à l'écoute. Votre langage corporel doit traduire votre soutien et votre attitude positive.
10. Évaluez votre implication et sollicitez les commentaires de votre enfant.

Votre fillette a fait plusieurs erreurs lors d'un récital de jeunes pianistes? Votre fils a contribué à la défaite de son équipe au dernier match de soccer contre l'école voisine? Une tâche importante incombe aux parents: celle d'apprendre à l'enfant à perdre et à continuer malgré tout d'avoir du plaisir au-delà des mauvaises performances. La manière dont sont gérées les premières défaites sera déterminante pour la suite des choses. Il est primordial d'expliquer à votre enfant qu'on ne peut pas toujours gagner et que perdre a même des côtés positifs. Dans la défaite, en effet, nous apprenons de nos erreurs et l'échec nous oblige à nous réévaluer. En appliquant les correctifs nécessaires, nous sommes en mesure de mieux performer à l'avenir.

Vous devez dire à votre enfant qu'avoir raté cette pièce au concert ou perdu ce match n'est pas grave. Il est important de mettre l'accent sur ses efforts et sur sa participation, et de lui dire que des récitals ou des compétitions, il y en aura d'autres! Profitez de cette occasion pour lui apprendre à féliciter les gagnants. L'esprit sportif est une belle valeur à lui inculquer. Ne l'oubliez pas : cette période est très formatrice pour votre jeune, et l'acquisition de valeurs qui vont lui rester toute sa vie est un aspect crucial de l'éducation que vous lui donnez.

LA TROISIÈME ÉTAPE : LE PERFECTIONNEMENT

La passion de votre enfant pour son activité s'est maintenue et il est passé au stade où il vise le sommet : équipe de sport nationale, championnats mondiaux, carrière internationale, olympisme, équipe professionnelle...

Votre enfant a plus que jamais besoin de votre soutien. En fait, la réalisation de son rêve dépend de vous. Il compte sur votre soutien affectif et sur votre contribution financière. De surcroît, si les concessions que vous devez faire, dans votre vie sociale et dans vos loisirs, par exemple, sont de plus en plus considérables, les récompenses le sont aussi. Si vous avez plus d'un enfant qui tente de se dépasser, la vie familiale est un casse-tête que vous devez employer, avec toute votre ingéniosité, à résoudre.

Vous devez prendre garde, comme dans l'étape précédente du développement de votre enfant, à ne pas tenter de vous substituer à l'entraîneur. Il est important que vous lui fassiez confiance, tout comme à votre enfant.

Toutefois, «faire confiance» ne signifie jamais relâcher votre vigilance. Certains entraîneurs, par exemple, pourraient imposer à votre enfant des efforts démesurés. Encore une fois, laissez votre intuition de parent vous guider. Ainsi, il n'est pas normal qu'un entraîneur exige que votre enfant continue à s'entraîner s'il est blessé ou s'il manifeste des signes évidents de fatigue. Rappelez-vous que les performances de votre enfant n'appartiennent qu'à lui seul! Il n'a pas à devenir le trophée de qui que ce soit. Gardez les yeux ouverts et posez des questions: c'est ainsi que vous donnerez le meilleur environnement à votre enfant.

LES CINQ TYPES DE PARENTS

À la suite de notre expérience et de nos recherches, nous avons identifié les cinq types de parents rencontrés le plus fréquemment dans le milieu sportif.

Type de parent	Description
Parent bénévole gestionnaire ou contrôlant	Ce parent s'implique en tant que bénévole dans le sport de son enfant, surtout pour influencer certaines décisions. Par exemple, un père voudra s'assurer que sa fille passe plus de temps sur le terrain de soccer ou fasse partie de la meilleure équipe. Il veut avoir le contrôle des entraînements et des décisions d'équipe, et même influencer les sélections pour favoriser son enfant.

Type de parent	Description
Parent entraîneur	Dans certains sports, c'est le manque d'argent qui incite le parent à s'improviser entraîneur, mais il s'agit le plus souvent d'un parent qui ne fait pas confiance au système ni aux entraîneurs de son club. Ce parent assiste toujours aux entraînements et remet systématiquement les choix de l'entraîneur en question. Il est aussi celui qui hurle après son enfant, l'insulte et lui donne des conseils techniques après un entraînement ou une compétition.
Parent gérant d'estrade	Il influence les autres parents, commente les performances. Il connaît tout, sait tout.
Parent trop protecteur ou possessif	Ce parent (une maman, la plupart du temps) veut que son enfant ait beaucoup d'amis, le harcèle pour qu'il mange bien, s'étire après son entraînement... Très souvent, un tel parent a de la difficulté à se détacher de son enfant, ce qui fait en sorte que l'enfant n'acquiert pas son indépendance ni son autonomie et a beaucoup de difficulté lors de voyages ou de compétitions loin de la maison. Ce comportement parental affecte sa confiance en soi.
Parent équilibré	Ce parent sait distinguer la vie sportive de la vie familiale. Il respecte sa place et fait confiance à l'entraîneur et à l'équipe de soutien, en maintenant toutefois une certaine vigilance.

À quelle catégorie de parents croyez-vous appartenir? Si vous ne pensez pas faire partie de la catégorie «Parent équilibré», ne vous en faites pas: votre enfant traversera plusieurs étapes, et ce sera également votre cas. Vous pourrez progresser jusqu'au stade de parent équilibré, même si vous avez déjà appartenu à des catégories plus problématiques. L'important pour vous est d'identifier vos forces et vos faiblesses, et de vous rapprocher le plus possible du rôle qui devrait être le vôtre, en fonction du stade de développement de votre enfant.

UN MODÈLE À SUIVRE

Les sept règles de la responsabilité des parents à Hockey Québec fournissent un bon modèle de comportement:

1. Comprendre que mon enfant a le droit de s'amuser en pratiquant l'activité de son choix selon son bon plaisir, et non le mien.
2. Respecter les décisions prises par les dirigeants responsables mandatés pour le faire.
3. Faire confiance aux entraîneurs et aux administrateurs responsables de placer mon jeune dans un contexte d'apprentissage favorisant son développement physique, social et psychologique.
4. Faire preuve de tolérance et de patience, et être un exemple de comportement pour mon enfant, qui traverse une phase critique de son développement.
5. Me conformer aux exigences administratives relatives à la sécurité dans les sports et adopter en tout temps des comportements exempts de toute forme de violence verbale ou physique.

6. Traiter avec dignité et respect tous les participants et intervenants associés à l'activité à laquelle mon enfant participera : officiels, adversaires, entraîneurs, joueurs, administrateurs, autres parents et bénévoles.

7. Accepter que mon enfant participe à une activité récréative lui offrant un défi à sa mesure, en considérant les erreurs de jeu comme une source d'apprentissage et non comme une occasion de réprimandes.

L'EFFET SUR LE COUPLE

Les concessions que vous devez faire peuvent affecter votre relation avec votre conjoint. Il est très fréquent que les deux partenaires aient des opinions ou attitudes divergentes. Par exemple, l'un sera plus axé sur la compétition, généralement le père de l'enfant, alors que la mère sera plus près de ses émotions. Même si les deux parents désirent le bonheur et le succès de leur enfant, les objectifs immédiats peuvent différer : ainsi, le papa s'intéressera davantage aux résultats techniques, tandis que la maman voudra avant tout que son enfant se fasse des amis. Les divergences de vues engendrent souvent des disputes quant au choix de l'entraîneur, à la participation à une compétition et même au cheminement scolaire de l'enfant.

Il est très important que vous échangiez avec votre conjoint sur vos opinions et sur vos craintes, mais jamais en présence de votre enfant. Les enfants sont très sensibles à la dynamique familiale, et être témoin de tensions entre leurs parents peut influencer leur confiance en eux-mêmes et leurs performances. Souvent, l'enfant ne voudra déplaire à aucun de ses parents et risquera, en conséquence, de prendre de mauvaises décisions.

Le mot de Christiane

Je dis toujours que Pierre s'occupe de la tête d'Alexandre, et que moi, je m'occupe de son cœur.

TROUVER DES SOUS

Certaines activités sportives ou artistiques sont très onéreuses et pourraient être au-delà de vos moyens financiers. Cette situation peut engendrer un stress familial énorme et, à l'occasion, vous pourriez même être embarrassé, devant d'autres parents plus fortunés, à l'idée de ne pas pouvoir offrir les mêmes possibilités à votre enfant. Si c'est votre cas, des solutions existent.

Communiquez avec vos journaux de quartier, qui se feront un plaisir de parler d'un jeune talentueux du voisinage. Vous pourrez ensuite montrer le ou les articles à des donateurs potentiels.

Frappez à la porte de commanditaires potentiels – la banque ou l'épicerie du coin, des membres de la famille, les différents ministères, diverses fédérations sportives ou des compagnies d'équipement. Certains commanditaires peuvent fournir des sommes assez substantielles, et même organiser des événements annuels tels que des tournois de golf pour amasser des fonds.

Cependant, ces outils visant à minimiser vos dépenses ne doivent pas devenir un stress pour l'enfant. Les bénéfices et les dépenses ne le concernent pas !

Maintenant, à vous de jouer !

Parler à votre enfant des débours occasionnés par son activité est contre-indiqué, parce que cela peut rapidement devenir pour lui une source de stress. Votre engagement financier ne concerne pas votre enfant et ne doit surtout pas être garant du résultat. De toute façon, votre enfant est probablement très conscient de ce que vous coûte son activité, même s'il est jeune. J'ai eu l'expérience un jour d'un de mes jeunes athlètes qui a été bouleversé d'apprendre qu'il avait été sélectionné pour faire partie de l'équipe provinciale de tennis. Il n'avait que neuf ans, et cela représentait pour lui une très belle réussite. Lorsque je lui ai demandé pourquoi cette bonne nouvelle l'angoissait, il a répondu qu'elle signifiait participer à davantage de camps d'entraînement et de tournois, et donc une plus grosse facture pour ses parents qui n'avaient pas beaucoup d'argent. Constatant que la pression sur lui était trop forte, j'ai décidé de le retirer de l'équipe, après quoi il a connu les meilleurs résultats de sa jeune carrière.

Bien sûr, ce type de réaction à cet âge suppose une bonne dose de maturité, mais il est important de comprendre que le fait, pour un jeune sportif, d'appartenir à une institution n'a pas que des bons côtés.

LES GRANDS-PARENTS

De nos jours, les parents sont débordés : bien souvent, le père et la mère travaillent, ils doivent s'occuper des enfants, des devoirs, des courses, des repas, du ménage, des comptes à payer et d'une foule d'autres choses. Lorsque les grands-parents sont disponibles et suffisamment en forme pour assumer des responsabilités telles que garder les enfants ou fournir le transport, ils peuvent faire beaucoup pour alléger le fardeau des parents.

Au-delà de l'aide matérielle qu'ils peuvent fournir, les grands-parents apportent un soutien psychologique précieux. Ne portant pas la responsabilité première de l'éducation de leurs petits-enfants, ils peuvent avoir un certain recul, et ils manifestent habituellement une forme d'indulgence amusée et d'amour inconditionnel qui sont d'un grand réconfort pour un jeune enfant. En outre, les grands-parents sont les seuls qui peuvent renseigner l'enfant sur les activités pratiquées par ses parents quand ils avaient son âge. Ils peuvent aussi leur transmettre certaines valeurs chères à la famille.

Il est fréquent que les grands-parents initient les enfants à une activité et jouent avec eux dans la rue, au parc ou dans la cour, ce que les parents n'ont souvent pas le temps de faire. Et, détail capital, ce sont peut-être les grands-parents qui communiqueront le mieux à l'enfant la notion du plaisir. Chez eux, le jeu et le plaisir ont toujours leur place.

CHAPITRE 5
Le choix des mots

Les mots sont comme les abeilles : ils ont à la fois le miel et le dard.

– Proverbe suisse

« Je ne peux pas croire que tu es mon fils ! »

« As-tu gagné aujourd'hui ? »

« Ton entraîneur va te laisser tomber. »

« Je n'ai pas dépensé tout cet argent pour que tu perdes un match important ! »

« Qu'est-ce que les gens vont penser ? »

« Tu viens de gagner la médaille d'argent. La prochaine fois, ce sera l'or ! »

Ces phrases que vous venez de lire, nous avons malheureusement entendu des parents déçus les adresser à leur enfant. Bien sûr, il peut nous arriver à tous, sous le coup de l'émotion, de prononcer des paroles qui dépassent notre pensée. Cependant, vous devez savoir comme parent que les mots ont un poids énorme, et qu'un mauvais choix de mots peut avoir des conséquences désastreuses pour votre enfant. Tout comme un choix de mots heureux peut l'aider à garder sa confiance en lui-même après une séance d'entraînement difficile, par exemple, ou un match décevant.

Une seule phrase peut détruire la carrière d'un athlète ou d'un artiste en herbe et, comme parent, il est essentiel que vous en soyez conscient. Malheureusement, il n'est pas rare que des jeunes soient sujets à des dépressions, même à des dépressions majeures, à la suite de réactions inappropriées de la part de leurs parents.

Les entraîneurs aussi doivent être conscients de cette réalité. Il est arrivé que des jeunes ont été démoralisés à la suite de commentaires intempestifs de la part de leur entraîneur. Le choix des mots utilisés par ce dernier traduira le respect qu'il a pour ses athlètes et permettra que s'établisse la relation privilégiée qui sera gage de succès. Un entraîneur qui choisit bien ses mots pourra, justement, avoir des exigences élevées que l'athlète sera enclin à accepter. Une petite phrase assassine bien placée peut parfois détruire des années de travail. C'est tellement dommage, et si facile à éviter !

QUI COMPTE LE PLUS, VOUS-MÊME OU VOTRE ENFANT ?

Mettez-vous à la place d'un enfant qui, en plus de devoir encaisser un dur coup s'il a eu un trou de mémoire au milieu d'un récital ou raté un lancer qui a fait perdre un match à son équipe, se fait dire par-dessus le marché que ses parents ont honte de lui. Comment vous sentiriez-vous ?

Pourquoi certains parents se laissent-ils aller à de tels excès et laissent-ils échapper ce genre de paroles, dans des circonstances où ils devraient justement choisir leurs mots avec un soin tout particulier ? La raison principale derrière ce comportement est que le parent, à un moment donné, cesse de faire du bien-être et de l'intérêt de son enfant une priorité, et fait plutôt rejaillir sa performance sur lui-même. Ce n'est plus l'enfant qui compte, mais lui, le parent, et la fierté ou la honte que peut lui inspirer la performance de son jeune. Tout à coup, il oublie le rôle qui devrait être le sien, c'est-à-dire soutenir, encourager, dédramatiser, consoler au besoin et, surtout, rester au-dessus de la mêlée en faisant preuve en tout temps d'objectivité et d'empathie. Il délaisse ce rôle pour s'identifier aux résultats obtenus par son enfant, abandonnant par le fait même sa responsabilité de parent, qui suppose une certaine distance vis-à-vis de la situation.

Ce sentiment d'abandon – car c'en est un –, l'enfant serait bien incapable de l'exprimer avec des mots, mais il l'éprouve réellement, et la tristesse qui l'accompagne vient s'ajouter à l'énorme peine qui est déjà la sienne. Pensez-y… Un jeune qui vient de connaître une mauvaise journée et se fait faire des reproches par un parent (ou un entraîneur) est confronté simultanément à trois chagrins : sa propre déception crève-cœur, l'abandon de la part d'une personne censée lui offrir du soutien, plus la peine d'avoir déçu cette personne.

LE PARENT, UN PILIER

Ce dernier point doit être souligné. Les jeunes peuvent parfois donner l'impression d'être détachés, très *cool*, et de ne pas se soucier de l'attitude de leurs parents. En réalité, ils y demeurent très sensibles, même au plus fort de l'adolescence, lorsque les parents croient qu'ils perdent de leur influence sur leur enfant. Ne vous méprenez pas : vous demeurez en tout temps une figure de proue pour votre enfant. Il compte sur votre soutien et il en a besoin.

Du début à la fin du processus de développement de votre enfant, vous demeurez son pilier, sa sécurité. Et vous devez vous rappeler ceci : que la performance de votre enfant soit bonne ou mauvaise, elle ne vous appartient pas ; c'est à l'enfant qu'elle appartient. Bien sûr, si vous soupçonnez que ses performances diminuent depuis quelque temps, ou si vous notez un manque d'enthousiasme de sa part, il y a lieu de lui demander, sans lui faire de reproches, s'il est toujours heureux dans la pratique de son activité. En général, si la communication est bonne entre vous et votre enfant, il vous fera part spontanément de problèmes qui pourraient survenir.

DEMEUREZ AUTHENTIQUE

Ne pas faire de reproches à votre enfant et le soutenir en toutes circonstances ne signifie pas pour autant que vous devez lui mentir ou enjoliver la réalité. Cela aussi, votre enfant le sentira très bien. Il n'y a rien que les enfants détectent aussi bien que le manque d'honnêteté. Ainsi, après un match où il n'a pas brillé, il n'appréciera pas que vous lui disiez : « Merveilleux ! Bien joué ! » (Même s'il veut absolument vous entendre dire qu'il a bien fait !) Dites plutôt : « Tu as fait de bons coups, mais ce n'était pas ton meilleur match. » Ou encore : « Je suis déçue pour toi, mais ce n'est pas grave, je t'aime quand même. C'est important de savoir perdre de temps en temps. » Votre enfant appréciera que vous l'assuriez de votre soutien tout en étant honnête avec lui.

De même, assumez vos mots et vos comportements. Par exemple, quand vous dites à votre enfant : « Amuse-toi ! » avant sa séance d'entraînement, il est important que vous n'annuliez pas l'effet de cette consigne positive en lui faisant des reproches sur son jeu par la suite. Il est essentiel qu'il s'amuse, en effet, et son jeu n'en sera que meilleur.

CHOISIR SES MOTS POUR LES TOUT-PETITS

Nous avons tendance à croire que les jeunes enfants ne sont pas sensibles aux mots que nous employons, mais il n'en est rien. Les mots que vous utilisez pour décrire les choses et les situations marqueront votre enfant et la manière dont il percevra celles-ci. C'est pourquoi il est important d'employer les mots «jeu» et «jouer» quand ils sont tout petits. Vous pourriez être tenté d'utiliser les mots «s'entraîner» ou «entraînement» pour désigner l'activité d'un enfant de cinq ans. Toutefois, il est préférable de dire qu'il va jouer au tennis, qu'il va jouer dans l'eau… Cela peut sembler anodin, mais cette idée de jeu et de plaisir fera ainsi son chemin dans sa tête. Quand il aura grandi, il associera encore son activité au plaisir. Vous lui aurez rendu un fier service!

Le mot de Christiane

Alexandre n'a pas connu que des victoires. Comme tous les athlètes, il a eu ses périodes de doute et son lot de difficultés. Dans ces moments-là, je lui disais, par exemple: «Tu as perdu une compétition, et alors? Ce n'est pas grave, il y en aura d'autres.» En général, j'enchaînais en lui demandant ce qui lui ferait plaisir comme menu au dîner ou s'il avait envie d'aller au cinéma…

Après son exploit surprise aux Jeux du Commonwealth, où il s'est classé premier à 13 ans à une compétition pour adultes, Alexandre est arrivé 17e à la compétition qui a suivi. Plusieurs observateurs ont alors émis l'opinion qu'il n'était qu'un **pétard mouillé**. Dans des moments pénibles tels que celui-là, Pierre (son père) disait souvent: «Ne t'en fais pas. *Bad day at the office!* Ça arrive à tout le monde…»

Comme parents, notre rôle est d'être présents, d'encourager notre enfant et de le soutenir financièrement. Et je dirais que minimiser les difficultés est une partie essentielle de notre soutien : cela enlève de la pression sur notre enfant et cela lui facilite la vie.

Minimiser, cela vaut aussi pour les succès ! Bien sûr, quand votre enfant remporte une médaille, tout le monde est content. Mais il ne faut pas en faire tout un plat – la vie continue...

Le génie, c'est 1 % d'inspiration et 99 % de transpiration.

– THOMAS EDISON,
inventeur de l'ampoule électrique
et du phonographe

S i l'on transpose la pensée d'Edison au contexte dans lequel évolue votre enfant, cela signifie que son talent seul ne lui permettra pas de se dépasser : il lui faudra aussi une énorme dose de travail.

En fait, la réalité est encore plus complexe. Bien sûr, le travail est nécessaire, mais une foule d'autres facteurs font la différence entre un enfant dont le talent s'épanouira au maximum, et un autre dont le potentiel ne sera pas entièrement réalisé. Parmi ces facteurs, la participation et l'attitude des parents occupent une place centrale.

LE TALENT N'EST PLUS CE QU'IL ÉTAIT...

La définition du talent a changé au cours des dernières décennies. On a longtemps décrit le talent comme l'aptitude innée que manifeste une personne dans un domaine particulier. Toutefois, de nombreuses études sur le développement de l'enfant et le processus d'apprentissage ont amené les chercheurs à redéfinir le talent, que l'on considère désormais comme une aptitude moins innée qu'acquise[6]. L'un des chercheurs les plus éminents parmi ceux qui ont produit ces études est Benjamin S. Bloom (1913-1999), psychologue américain spécialisé en pédagogie. Pendant plusieurs décennies, il a exploré les facteurs impliqués dans les processus d'apprentissage. Bien que ses travaux les plus connus aient été publiés dans les années 1970 et 1980, ses écrits continuent de faire autorité.

Bloom et plusieurs de ses collègues ont révisé la définition traditionnelle du talent qui, à leurs yeux, est en grande partie le fruit de l'environnement. Quarante ans de recherches sur l'apprentissage scolaire aux États-Unis et ailleurs ont amené Bloom à conclure (dans *Developing Talent In Young People* – développer le talent chez les jeunes) que presque tous les individus peuvent apprendre, à condition qu'on leur fournisse des conditions adéquates avant et au moment de l'apprentissage. Il ne fait exception que pour les 2 % ou 3 % d'individus affectés par des problèmes physiques ou psychologiques suffisamment graves pour compromettre leur faculté d'apprendre, ainsi que pour les 1 % à 2 % d'individus **surdoués** qui font preuve d'une capacité d'apprentissage **hors-norme.**

Le seul domaine où une prédisposition naturelle – la taille, la masse musculaire ou la coordination, par exemple – joue un rôle est le sport, bien que, là aussi, la détermination et la qualité de l'entraînement soient essentielles au succès de l'athlète.

L'EXCELLENCE À LA PORTÉE DE TOUS

Dans l'esprit de Benjamin Bloom, 95 % des jeunes pourront maximiser leur potentiel si on leur donne les outils nécessaires. Bloom fonde sa théorie sur l'étude présentée dans *Developing Talent in Young People*, pour laquelle son équipe a recruté

120 jeunes adultes qui se sont distingués dans leur domaine. Parmi ces derniers figurent des pianistes de concert et des athlètes olympiques.

Bloom et ses collègues ont interviewé ces personnes, de même que leurs parents, professeurs ou entraîneurs lorsque la chose était possible. Ils arrivent à un constat étonnant : lorsque ces virtuoses ou champions étaient enfants, aucun trait marquant de leur personnalité n'annonçait leur succès futur. Aucun d'eux ne fut un enfant prodige, mais tous ont pris plaisir à pratiquer leur discipline, et le désir de persévérer est venu avant tout d'eux-mêmes.

Ils ont aussi en commun le rôle crucial joué par leurs parents quand ils étaient en bas âge. Dans la grande majorité des cas, ces parents n'avaient pas d'aptitudes particulières, mais ils partageaient certaines caractéristiques :

- ils manifestaient de l'intérêt pour l'activité à laquelle leur enfant allait se consacrer ;
- ils ont pris la peine d'exposer leur enfant à cette discipline, sinon à plusieurs ;
- même lorsque l'apprentissage était imposé à l'enfant au début (ce qui était plus fréquent dans la musique que dans le sport), ils en ont fait un jeu pendant la période d'initiation ;
- ils ont constamment félicité et encouragé leur enfant sans toutefois le pousser, ils ont suivi son développement de près et ils l'ont soutenu à tous égards, y compris sur le plan financier ;
- ils ont inculqué à leur enfant un sens de la discipline, de l'engagement et de l'importance du travail bien fait.

« Les parents qui enseignent à leurs enfants à être disciplinés et responsables, et à valoriser le succès, résume Bloom, ont beaucoup plus de chances de produire des individus performants que les parents qui n'inculquent pas ces compétences et ces valeurs. »

D'autres facteurs ont évidemment joué. À partir du moment où ces jeunes sont devenus plus sérieux au sujet de leur discipline, l'élément déterminant a été leur volonté de progresser et de réussir. Beaucoup de travail, l'accès à des professeurs ou entraîneurs de premier ordre et la qualité de leurs séances de répétition ou d'entraînement ont fait le reste. Les parents ont exercé une influence décisive sur la future carrière de leur enfant, puisque, sans le coup d'envoi initial qu'ils lui ont donné et sans le soutien matériel et psychologique qu'ils ont assuré par la suite, celui-ci n'aurait pas connu la même destinée.

Bloom en conclut que, peu importent les qualités (ou les dons) des individus au départ, sans un processus long et soutenu d'encouragement, de soutien, d'éducation et de formation, ces individus, bien que talentueux, n'atteindront pas des sommets dans ces domaines particuliers.

Avoir du talent est une chose, le nourrir en est une autre. Au plus haut niveau de performance, la volonté est plus importante que le talent.

Bref, dans l'immense majorité des cas, on ne naît pas champion, on le devient.

L'ENTOURAGE ET L'ACCÈS

La place qu'occupe l'activité future de l'enfant dans sa famille est souvent un facteur déterminant pour son avenir. L'exemple des 21 pianistes de concert qui ont participé à l'étude de Benjamin Bloom est éloquent à cet égard. Leurs parents étaient soit des musiciens professionnels, soit des musiciens amateurs, soit des mélomanes, soit des personnes estimant qu'inscrire un enfant à des cours de musique « allait de soi » et était « une bonne chose ».

L'influence des parents se fait sentir de la même manière dans le sport. Environ le tiers des champions de natation cités dans l'étude avaient au moins un parent ayant déjà pris part à des compétitions dans cette discipline. Les autres s'intéressaient à l'athlétisme, habituellement sur un mode passif, mais ils valorisaient néanmoins le sport et la compétition. Certains établissaient même un lien entre la bonne forme physique et la pensée positive, alors que d'autres voyaient un rapport entre le sport de compétition et la force de caractère ou l'intégrité.

L'accès à l'instrument joue aussi un rôle. Ainsi, les trois quarts des pianistes avaient un piano à la maison, hérité des grands-parents dans plusieurs cas. Même si personne n'en jouait, il était vu comme un objet de culture inspirant. Il est bien connu que beaucoup d'athlètes parvenus au sommet ont eu accès dans leur enfance aux installations qui leur ont permis de progresser dans leur discipline – terrain de soccer, piscine, court de tennis, ballon-panier ou autre. Ou bien ces installations se trouvaient à proximité de leur domicile, ou bien leurs parents se donnaient la peine de les y conduire. Dans son ouvrage *Outliers : The Story of Success*, l'auteur Malcolm Gladwell mentionne que le succès de Bill Gates, le fondateur de Microsoft, s'explique notamment par l'accès quasi illimité à des ordinateurs dont il a joui à partir de l'adolescence.

QUANTITÉ OU QUALITÉ?

Un autre ouvrage qui a bousculé les idées reçues en matière d'éducation est *Talent is Overrated* (le talent est surestimé) de Geoff Colvin, paru en 2010. Colvin en a choqué plusieurs en affirmant que, contrairement à ce que l'on répète depuis des siècles, les réalisations exceptionnelles de Mozart, même en bas âge, ne sont pas le fruit d'un talent inné. Les premières compositions de Mozart, observe-t-il, n'étaient pas d'une grande originalité et, même s'il était un bon musicien, il ne se démarquerait pas parmi les jeunes prodiges d'aujourd'hui.

Selon Colvin et plusieurs autres chercheurs, un des facteurs de succès est le mode d'apprentissage que l'on désigne en anglais par le terme « *deliberate practice* ». On pourrait traduire cette expression par « répétition réfléchie » ou « répétition méthodique » dans le domaine de la musique, et par « entraînement réfléchi » ou « entraînement méthodique » dans le domaine sportif.

Geoff Colvin et ses collègues, comme Benjamin Bloom avant eux, évoquent la règle des 10 000 heures. Il s'agit du nombre d'heures de travail nécessaires à la maîtrise d'une discipline – soit l'équivalent d'au moins dix ans de formation intensive[7]. Le nombre d'heures consacrées à l'apprentissage de la discipline est donc important. À condition, toutefois, que ces heures soient bien employées, c'est-à-dire que l'entraînement sportif ou le travail de l'instrument de musique soient basés sur les règles de la « répétition méthodique ».

Nous avons tous entendu des musiciens reprendre inlassablement le même passage en s'accrochant toujours au même endroit. La répétition de la même erreur fait en sorte que celle-ci devient un automatisme. Les bons professeurs de musique, tout comme les bons entraîneurs sportifs, enseignent à leurs élèves à minimiser la répétition de l'erreur, pour éviter justement qu'elle ne devienne une mauvaise habitude. Il est beaucoup plus facile d'apprendre une nouvelle notion que de corriger un mauvais apprentissage…

En outre, l'essentiel des efforts doit cibler les aspects qui posent une difficulté. Frapper une balle de tennis 100 fois ne constitue pas un entraînement méthodique. En revanche, répéter le même jeu de jambes 50 fois sur une balle qui arrive toujours à la même vitesse jusqu'à ce qu'il devienne un automatisme : voilà un exemple d'entraînement méthodique.

DES ENSEIGNANTS DE HAUT NIVEAU

Benjamin Bloom et d'autres auteurs soulignent à quel point il est important que le futur athlète, musicien, artiste ou scientifique ait accès à des entraîneurs ou professeurs très compétents, en particulier lors de la transition entre la période de développement et celle de la haute performance. Ils observent en outre que ces jeunes profitent généralement, à un moment ou à un autre, des commentaires constructifs d'un ou de plusieurs mentors.

Ceux qui sont devenus de grands musiciens ont habituellement été les élèves de professeurs exceptionnels. La regrettée Yvonne Hubert a formé plusieurs générations de pianistes à Montréal. Elle a notamment enseigné à trois pianistes montréalais qui mènent aujourd'hui une carrière internationale de premier plan : Janina Fialkowska, Marc-André Hamelin et Louis Lortie. La situation est comparable dans le domaine du sport. Tiger Woods fit ses premières armes sous la gouverne de son père avant de confier ses progrès à Butch Harmon, de 1997 à 2004, puis à Hank Haney jusqu'en 2010. Quant à Rafael Nadal, il a pour entraîneur depuis l'âge de quatre ans son oncle Toni, qui a joué également pour son célèbre neveu le rôle de mentor.

AU-DELÀ DU TALENT

Il est évident, à la lumière de ces études et témoignages, que de nombreux éléments entrent en jeu, au-delà du « talent » dont fait preuve votre enfant, au-delà de ses dispositions physiques et psychologiques. La réussite à un jeune âge n'est pas gage de réussite à l'âge adulte. Si votre enfant n'est pas bien encadré, n'a pas de plaisir à pratiquer son activité et ne jouit pas du soutien financier qui lui permettra d'être suivi par les meilleurs entraîneurs ou professeurs et de voyager au besoin, il ne pourra pas développer son plein potentiel.

La tendance actuelle à encourager les jeunes à se spécialiser trop tôt entraîne la conséquence suivante : dans plusieurs cas, lorsque l'enfant livre de bonnes performances, on ne sait plus si c'est parce qu'il a consacré un très grand nombre d'heures à son activité ou parce qu'il possède des aptitudes spéciales. Il y a risque de confusion. Il vaut donc mieux tenir compte de «l'âge sportif» d'un jeune si on tente d'évaluer son potentiel, c'est-à-dire considérer le niveau de l'enfant, pas nécessairement en fonction de son âge, mais plutôt en fonction du nombre d'années d'entraînement qu'il a derrière lui.

La personne déterminée qui reçoit une formation de qualité, grandit dans un climat équilibré et évolue dans un cadre solide aura en main les atouts pour réussir. Cet environnement lui permettra d'acquérir une discipline, et lui donnera force et courage dans les moments difficiles. La chance peut favoriser certains facteurs de succès, par exemple la rencontre de personnes qui exerceront une influence ou modifieront l'orientation d'un individu, mais la performance elle-même n'est absolument pas une question de chance…

SANS GARANTIE

Il est important, cher parent, que vous soyez également conscient que, malgré tout votre bon vouloir et celui de votre enfant, et même si vous lui offrez les meilleures conditions d'apprentissage, il est possible qu'il atteigne un plateau au-delà duquel il ne progressera plus. Il n'y a pas de garantie dans le domaine de la performance, pas plus qu'il n'y en a dans la vie en général.

La réussite ou la réalisation du plein potentiel ne se définissent pas par une médaille d'or ni par toute autre distinction équivalente. Il n'y a pas d'enfant, de parent, de cadre parfait, et il est impossible d'évaluer d'avance le potentiel de votre enfant. L'étude de Benjamin Bloom faisait un retour sur de jeunes adultes qui avaient atteint un sommet dans leur domaine et elle visait à tirer des enseignements de leur expérience. Cependant, il est impossible de savoir si les mêmes conditions de vie et d'apprentissage produiraient les mêmes résultats chez d'autres personnes. Il n'existe pas de recette du succès, et le rôle des parents est d'accompagner et de soutenir leur enfant du mieux qu'ils peuvent – pas d'essayer de produire des champions. Ce dernier scénario peut faire beaucoup de dommages, comme nous le verrons au chapitre 9, « La performance... à quel prix ? »

Il importe donc que vous vous engagiez, comme parent, à soutenir votre enfant sans avoir d'attentes. Et de garder à l'esprit que, même si votre enfant cesse de pratiquer son activité à un moment donné, son parcours n'aura pas été inutile. Bien au contraire. Encourager son enfant à faire du sport, c'est lui rendre un immense service. Le sport permet aux jeunes de développer leur capacité d'adaptation et de gestion du stress, ce qui constitue le meilleur moyen de contrer les troubles anxieux. Votre enfant apprendra à se discipliner, à se dépasser, à interagir avec les autres et à cultiver l'amitié. Vous lui aurez offert une précieuse leçon de vie qui lui sera profitable tout au long de son existence.

CHAPITRE 7
Le triangle du succès

Le succès n'est pas un but mais un moyen de viser plus haut.

– PIERRE DE COUBERTIN

U n trio indissociable. C'est la dynamique qui s'installe inévitablement lorsqu'un enfant s'adonne sérieusement à
une activité ou à un sport. L'enfant, le professeur ou entraîneur
et le parent doivent former un trio interdépendant dont les
membres communiquent efficacement et sont sur la même lon-
gueur d'onde. C'est à cette condition, et à cette condition seulement, qu'ils formeront « le triangle du succès ».

DES OBJECTIFS COMMUNS

Encore faut-il que la triade athlète-parent-entraîneur s'entende sur la définition du succès, autrement dit sur les objectifs à atteindre et les outils à privilégier pour y parvenir. Supposons que vous souhaitiez que votre enfant accède un jour au club de hockey du Canadien, alors que l'entraîneur vise plutôt à développer ses habiletés et que votre enfant, lui, cherche uniquement à jouer avec ses amis : un sérieux problème se profile à l'horizon. Ou encore, supposons que votre enfant insiste pour participer à un concours de piano alors que son professeur estime qu'il n'est pas prêt à franchir cette étape ; les choses risquent alors de se gâter.

Même s'il existe un rêve ou un objectif suprême, un éventail de possibilités et d'objectifs intermédiaires s'offrent à vous, que vous pouvez fixer avec votre enfant. Ce qui compte, c'est que votre jeune et son entourage regardent dans la même direction. C'est ce qui aidera les membres du trio à relativiser les résultats au fil du développement de votre enfant.

Définir l'objectif commun aux trois composantes du triangle, **et le faire en se fondant sur le désir de l'enfant**, est l'assise fondamentale sans laquelle rien ne pourra être construit. Cette définition du succès doit être réaliste et accessible. À mesure que l'enfant évolue et progresse dans sa discipline, l'objectif initial change. Ainsi, pour une joueuse de tennis, apprendre à maîtriser son revers ou faire partie de l'équipe nationale pourraient constituer des réussites importantes, avant même qu'elle commence à rêver au Grand Chelem. L'important est qu'il y ait une symbiose entre les intervenants quant au but recherché.

Le succès peut aussi être relatif. Par exemple, il importe que, comme parent, vos exigences ne surpassent pas celles du professeur ou de l'entraîneur de votre enfant. Imaginons que votre ado participe à une compétition et que l'entraîneur estime, par exemple, que l'objectif à atteindre est de figurer parmi les 12 premiers. Si votre jeune arrive huitième, vous devez être fier de lui et le féliciter. Point à la ligne.

L'ÉCHEC ET LA RÉUSSITE

« L'échec est le fondement de la réussite. » Cette maxime de Lao Tseu signifie que l'échec et le succès sont partie intégrante du développement de l'être humain. L'échec et la réussite sont les deux facettes de l'expérience, et l'une ne va pas sans l'autre. La réussite donne au jeune l'impression d'être compétent et d'avoir été efficace dans le cadre de sa formation. Inversement, l'échec peut affecter sa confiance en soi, mais constitue également une source d'apprentissage irremplaçable.

COMMENT CONTRER LES ASPECTS NÉGATIFS DE LA DÉFAITE

Dans un article paru dans le quotidien montréalais *La Presse* du 5 mars 2012, le journaliste Michel Marois traite de la survie à l'échec. « Quoi de plus normal pour un athlète que de perdre sa motivation quand les défaites s'accumulent ? Qu'on soit un joueur étoile de la Ligue nationale de hockey ou un pee-wee dans une équipe récréative, on réagit toujours négativement à une série de défaites. »

Michel Marois cite plusieurs spécialistes. « Il faut être vigilant », prévient le professeur Gordon Bloom, spécialiste en psychologie du sport à l'Université McGill. « Le corps réagit moins bien, les réflexes sont moins aiguisés quand on ne croit pas en ses chances de gagner. » « On peut perdre régulièrement et pourtant s'améliorer sans cesse », souligne de son côté

Stéphane Perreault, professeur à l'Université du Québec à Trois-Rivières. «Au-delà du résultat, l'athlète a plus de chances d'être satisfait de ses résultats si ce sont des performances passées qui sont le point de référence. D'ailleurs, les parents ou les entraîneurs ont un rôle important. Si la première question qu'un enfant entend de son père en rentrant à la maison est : " As-tu donné ton meilleur effort ? ", ce sera évidemment plus positif que : " As-tu gagné ? " »

COMPOSER AVEC LA DÉFAITE

Deux jours plus tôt, dans le même journal, Michel Marois écrit : «C'est difficile de convaincre un athlète de pointe qu'une défaite aux Jeux olympiques n'est pas si grave quand il a consacré plusieurs années de sa vie à se préparer et qu'il n'a qu'une chance d'atteindre son objectif. » Le professeur Gordon Bloom renchérit : «Il faut amener les athlètes à se concentrer sur l'ensemble du processus. Les convaincre qu'ils ont fait tout ce qu'ils pouvaient pour obtenir le meilleur résultat et qu'ils n'ont rien à se reprocher s'ils ont fourni leurs meilleurs efforts. Aucun athlète n'obtient du succès sans avoir auparavant connu l'échec. »

Le mot de Christiane

La première chose que nous devons faire pour nos enfants sportifs, c'est leur appendre à perdre. Gagner, c'est facile. Mais avec les victoires viennent aussi les attentes...

UNE QUESTION DE CONFIANCE

Faire confiance à l'entraîneur ou au professeur de votre enfant sera un des éléments cruciaux qui contribueront au succès de celui-ci. Cependant, l'entraîneur devra créer les situations permettant à cette confiance de se bâtir. Par exemple, il devra se montrer disponible pour répondre à vos questions et pour vous rencontrer lorsque vous en ressentez le besoin. De votre côté, en assistant régulièrement aux séances d'entraînement, non seulement vous manifesterez votre intérêt, mais vous serez en mesure de vous assurer que tout se passe bien. Vous devrez sentir, en outre, que votre enfant prend plaisir à s'entraîner sous la direction de cette personne. Quand vous accorderez votre confiance à l'entraîneur, votre enfant le percevra clairement. Cette condition est essentielle pour qu'une synergie s'installe entre vous trois.

Comme parent, vous vous devez de poser des questions, de parler à l'entraîneur et de valider les opinions de ce dernier auprès de votre enfant. Lorsque la confiance règne, le parent a plus de facilité à prendre un recul salutaire et nécessaire : si vous faites confiance à l'entraîneur de votre enfant, vous n'avez pas besoin de savoir s'il a couru 2,4 ou 2,5 km, ou s'il a gagné son deuxième service… Vous vous sentirez également à l'aise d'aller vaquer à d'autres occupations de temps à autre pendant qu'il s'entraîne. Si vous ne vous sentez pas suffisamment à l'aise pour laisser votre enfant pendant l'entraînement, il y a des risques que l'entraîneur n'ait pas réussi à créer ce lien de confiance indispensable.

La confiance joue un rôle tout aussi important dans la relation entre votre jeune et son entraîneur. Une étude effectuée en 2000 auprès de cinq nageurs de calibre olympique présente la conclusion suivante : « De bonnes relations avec l'entraîneur, nourries de confiance, de respect, d'affection, d'échange, de mise en commun des objectifs, d'acceptation et de respect des rôles sont un préalable nécessaire au développement du sportif[8]. »

Le mot de Séverine

Faire partie de la vie d'un enfant est un immense privilège qui nous est conféré par les parents. La franchise d'un enfant, le pouvoir qu'il a de nous faire sentir comme la meilleure personne sur terre (la plupart du temps!) vaut tout l'or du monde. Pour cette raison, nous, les entraîneurs, n'avons pas le droit de le décevoir.

Cette relation privilégiée est essentielle pour l'obtention de résultats. Cependant, elle n'est pas automatique. Elle vient avec l'écoute, la confiance et le respect mutuels, ce qui exige du temps et de la patience. Voilà ce que tout bon entraîneur devrait faire : prendre le temps!

En contrepartie, une fois que ce lien s'est créé, certains d'entre nous ne sont pas conscients de l'influence que nous avons sur les réactions affectives et la performance du jeune. Plus le lien est fort, plus notre comportement affecte celui de l'athlète. Il nous faut par conséquent être conscients de l'impact de nos critiques avant et après la compétition. Celles-ci doivent être constructives et exprimées dans le respect de l'individu et de son objectif.

À CHACUN SON CHAPEAU!

Les études démontrent que, dans les sports d'équipe, 90 % des entraîneurs au stade de l'initiation sont les parents. Quand il y a un entraîneur, il est important qu'après l'activité le parent sépare son rôle d'entraîneur de son rôle de parent, afin de garder un bon lien de respect avec son enfant. Le parent qui porte le chapeau d'entraîneur doit aussi s'efforcer d'accorder une attention égale à tous les autres jeunes. Votre enfant a besoin que vous le souteniez et non pas que vous le critiquiez lorsque vous remettez votre chapeau de parent. Aussi, rappelez-vous qu'il est très difficile et non recommandé d'être un parent-entraîneur lorsque votre enfant devient adolescent. À ce stade, il a besoin d'autonomie.

Votre enfant doit être la base du triangle. L'entraîneur et vous jouez un rôle de soutien. L'important est qu'aucun des trois côtés du triangle ne cherche à empiéter sur les autres. Si le parent cesse de faire appel à son intuition de parent, personne ne pourra le faire à sa place. Bien sûr, le parcours de chacun des membres du trio ne peut suivre une ligne droite, et les erreurs sont inévitables. Toutefois, ces essais-erreurs doivent rester à l'intérieur du territoire, clairement délimité, de chacun. De plus, les valeurs doivent être communes au sein du triangle – l'honnêteté, le dépassement, le respect.

Le mot de Séverine

Dans de nombreux sports, le parent pratique la même discipline que son enfant ou est un très bon « gérant d'estrade ». Je dis toujours à ces parents, s'ils sont présents à un tournoi ou à un entraînement, qu'observer leur enfant est avantageux pour moi, car ils sont mes yeux et peuvent me faire part de leurs observations. Cependant, je ne veux pas que le parent informe l'enfant de ses erreurs techniques ou lui recommande de faire telle ou telle chose. Cela est une responsabilité qui m'incombe.

La tentation de prendre la place de l'entraîneur peut être particulièrement forte chez un parent qui s'est déjà rendu à un stade avancé dans la discipline de son enfant. Cela crée chez lui de la confusion, de sorte qu'il ne sait plus qui est la figure d'autorité : son entraîneur ou son parent ? La figure d'autorité au travail, c'est le patron. À la maison, ce sont les parents. Dans le sport, c'est l'entraîneur. Les parents ne sont pas des figures d'autorité dans le domaine du sport, puisque leur rôle est d'accompagner et d'encourager leur enfant. La confusion des rôles engendre forcément chez l'enfant un stress considérable qui nuira à ses résultats. Voulant plaire à tout le monde, il prendra les mauvaises décisions et perdra ses repères, et cela peut mener à l'abandon de son activité.

DES RÔLES EN ÉVOLUTION

Selon l'auteur Bernard Grosgeorge, docteur en sciences et techniques des activités physiques et sportives, et entraîneur national à la Fédération Française de Basketball, « le résultat de la rencontre d'un individu et d'un sport est fait de plein d'aléas[9] ». Il ajoute que, comme on l'a déjà dit, bien que la volonté de l'athlète soit déterminante, le facteur clé est le plaisir qu'il retire de son activité.

Selon le niveau de développement de votre enfant, votre rôle et celui de l'entraîneur (de l'animateur pendant la période d'initiation, ou de l'enseignant un peu plus tard) évolueront plus ou moins selon la description du triangle fournie dans les tableaux ci-après (inspirés des écrits de Bernard Grosgeorge), qui doivent être lus à la verticale. La plupart de ces descriptions peuvent être transposées dans des domaines autres que le sport.

LA PÉRIODE D'INITIATION

Parents et entraîneurs veulent trop souvent brûler les étapes ou projeter leurs propres désirs d'accomplissement sur les enfants. Si le parent ou l'entraîneur ne s'en tient pas à son rôle, le risque de décrochage chez l'enfant est élevé. À ce stade, l'entraîneur ne doit pas tenter de débusquer un futur champion, et le parent doit faciliter l'activité et encourager son enfant, notamment en s'impliquant dans le fonctionnement de l'équipe (s'il s'agit d'un sport d'équipe). Sans cet encouragement, le jeune risque de ne pas parvenir à développer son plein potentiel.

Enfant	Animateur	Parents
Joie	Positif/compréhensif	Partagent la joie
Surexcitation	Laisse le jeune faire	de l'enfant
Jeu	ses propres expé-	Le soutiennent
	riences motrices	Restent lucides

LA PÉRIODE DE DÉVELOPPEMENT

Les recherches nous disent que cette étape dure de sept à huit ans, et la plupart des jeunes restent à ce niveau. Le jeune athlète devra faire preuve d'engagement personnel et assumer le choix de son activité. Le mode de vie et les règles régissant la pratique deviennent primordiaux.

Enfant	Enseignant ou entraîneur	Parents
Engagement personnel S'auto-entraîne pour atteindre un objectif Respecte son enseignant ou entraîneur Accepte de restreindre le temps accordé à certaines activités de loisirs	Dégage de la force, inspire le respect Fait preuve de compétence Sait être à la fois exigeant et juste	À ce stade, les parents ne doivent pas s'impliquer outre mesure. Ils doivent : – apprendre à laisser leur enfant décider par lui-même et faire confiance à l'entraîneur ; – s'effacer progressivement au profit de l'entraîneur et éviter d'interférer avec lui pour ce qui est de la conduite des progrès sportifs de leur enfant ; – continuer à soutenir leur enfant

LA PÉRIODE DE HAUTE PERFORMANCE

Cette étape suppose un entraînement quotidien dans le but de participer à des compétitions. Être capable de s'investir dans un projet à long terme sans y être contraint est révélateur du potentiel sportif de l'enfant. Le rôle de soutien psychologique de la part de l'entraîneur s'affirme. Si le parent attend « un retour sur son investissement », il peut exercer une pression indue sur son enfant de même que sur l'entraîneur.

Enfant	Entraîneur	Parents
Le sportif décide de ce qui est bon pour lui L'obsession de la réussite est présente L'activité détermine le mode de vie Les relations amicales se font dans le contexte de l'activité pratiquée	Est obligé d'imposer certaines choses afin que le jeune atteigne son objectif Est un mentor hautement compétent et respecté Encadre le jeune à travers une équipe (dans le cas d'une activité sportive) Offre un soutien psychologique pour optimiser l'engagement de l'enfant dans la pratique de son activité	Restent en dehors des considérations techniques Gardent une relation de confiance envers l'entraîneur Leur soutien demeure toujours aussi important

« Chacune de ces phases doit être présente, et vouloir accélérer le passage d'une phase à l'autre ne donne que des performances éphémères et beaucoup d'abandons sportifs, conclut Bernard Grosgeorge. Chaque phase demande des compétences différentes et il est illusoire de penser que l'on peut être un excellent intervenant dans les trois phases. »

Le mot de Christiane

Lors des conférences que j'ai données aux parents de jeunes athlètes, je les ai implorés de rester parents avant tout ! Un parent est là pour soutenir, aimer, être présent, aider, faire avancer son enfant dans la vie de tous les jours, s'occuper de son cœur et de sa tête, et voir à ce qu'il respecte ses engagements. Il est surtout là pour s'assurer que son enfant est toujours heureux. Bref, le parent a pour responsabilité de prendre soin de son enfant et il doit être attentif au-delà de ses performances. Pour tout ce qui concerne le côté sportif, l'enfant a un entraîneur...

Comme parent, nous évoluons avec notre enfant et nous essayons des stratégies qui parfois fonctionnent et parfois non. Il est très important de bien connaître son enfant afin de mieux distinguer les choses à surveiller pour assurer son bien-être et le bon déroulement de ses entraînements.

Le mot de Séverine

Que mes jeunes puissent récupérer à la suite d'un tournoi est une de mes priorités comme entraîneur. Après une compétition qui dure quatre jours, je leur demande de prendre deux jours de congé. Cette notion est clairement expliquée en début d'année aux parents et aux enfants.

Or, un jour, un des jeunes de mon groupe a participé à un tournoi et l'a remporté. Comme la finale a été disputée un lundi, je m'attendais à ce que l'enfant ne soit à son poste que le jeudi suivant. Toutefois, le mardi après-midi, j'ai aperçu l'enfant sur le terrain d'entraînement, épuisé par son match de la veille. Je ne comprenais pas, car il aurait dû être au repos. Je me suis approchée du parent et lui ai expliqué que le repos de son enfant était important. Il m'a répondu que le niveau de jeu n'était pas assez fort pour qu'il prenne congé. J'ai expliqué au parent que le fait de prendre du repos n'était pas son choix, mais bien une règle établie en début d'année, à laquelle son enfant et lui-même avaient accepté de se conformer.

Cette situation aurait pu être mieux gérée si le parent avait respecté les règles de l'entraîneur, et surtout s'il avait pensé au bien-être de son enfant plutôt qu'à son propre standard. C'est souvent lors de situations semblables que les conflits parent-entraîneur s'installent.

LE RÔLE DE L'ENTRAÎNEUR

L'entraîneur a pour mission première, par son enseignement et par l'organisation de la structure qui encadre le jeune, de s'assurer de favoriser son développement au maximum. Informer le parent et le responsabiliser, notamment en lui expliquant les conséquences de certaines décisions, fait également partie de son mandat.

Un bon entraîneur est conscient que les résultats ne lui appartiennent pas, mais appartiennent bel et bien à l'athlète. Chaque personne impliquée dans le cheminement sportif ou artistique d'un enfant doit bien comprendre son rôle et avoir à cœur aussi bien le côté humain que le côté technique du développement du jeune. L'entraîneur, en effet, a pour mandat de **développer des individus – d'abord, des athlètes ensuite.** Moteur du rêve de l'athlète, il s'efforce de créer le meilleur environnement possible pour son évolution.

Les besoins de votre enfant se transformeront au gré de son développement. Il est très important que l'entraîneur, l'enseignant ou le professeur possède les connaissances et les compétences adéquates, en fonction du niveau qu'a atteint votre enfant.

L'Association canadienne des entraîneurs a publié une liste de critères permettant aux parents de mieux comprendre la mission de l'entraîneur et de bien choisir ce dernier.

En voici quelques-uns :

L'entraîneur :

1) a reçu une formation ou une certification par l'entremise du Programme national de certification des entraîneurs (PNCE) de l'Association canadienne des entraîneurs ;

2) encourage tous les participants et participantes ;

3) fait la promotion de l'esprit sportif et donne l'exemple ;

4) permet à tous les enfants de **jouer** ;

5) veille à ce que tout le monde s'amuse ;

6) insiste sur l'enseignement des techniques de base, non sur la victoire ;

7) a une connaissance approfondie de la discipline sportive et prépare bien ses séances d'entraînement ;

8) établit une communication claire avec les participantes et participants, ainsi qu'avec les parents et les officiels ;

9) donne des directives précises aux enfants et s'assure qu'ils ou elles les ont bien comprises.

Nous avons demandé à 20 parents et athlètes ce qu'ils recherchaient chez un entraîneur. Voici les réponses obtenues :

- compréhension de la discipline sportive ;
- aptitudes pour la communication et disponibilité ;
- compréhension et application des bonnes méthodes d'entraînement ;
- bons outils organisationnels ;

- capacité de motiver ;
- sens de l'équité ;
- sens de l'humour ;
- qualités de leadership ;
- dévouement et éthique ;
- don pour la pédagogie ;
- équilibre entre vie professionnelle et vie personnelle.

On peut conclure de ce mini-sondage que les valeurs humaines de l'entraîneur sont aussi appréciées que ses compétences.

LES RAPPORTS PARENT-ENTRAÎNEUR

Pour assurer une bonne relation entre vous et l'entraîneur de votre enfant, organiser une rencontre préparatoire en début d'année est souhaitable. Elle vous permettra d'établir les objectifs de la saison, de même que le mode de communication à privilégier entre vous deux durant le reste de l'année.

Le principe de base de la relation est la communication bilatérale, c'est-à-dire qui circule dans les deux sens. Les entraîneurs doivent favoriser ce type de communication et fixer des moments qui y sont propices. Les discussions entre le parent et l'entraîneur ne devraient jamais avoir lieu en présence de l'enfant ni pendant un match et, si possible, elles devraient se tenir en dehors des entraînements. Les points de discorde les plus fréquemment évoqués sont le niveau d'habileté de l'enfant ou les mauvaises performances. Tant l'entraîneur que le parent doivent faire preuve de patience et d'écoute.

Les points sensibles de la relation entraîneur-parent émergeront lors des compétitions. Le piège dans lequel le parent doit éviter de tomber est, d'une part, d'avoir des attentes très élevées quant aux résultats de son enfant et, d'autre part, de le lui faire sentir.

QUAND DEMANDER UNE RENCONTRE
AVEC L'ENTRAÎNEUR

Une rencontre avec l'entraîneur est motivée lorsque votre enfant présente l'un ou l'autre des symptômes suivants :

- fatigue intense (il est incapable de faire ses devoirs, s'endort dans son assiette) ;
- problèmes de sommeil (lumière encore allumée dans sa chambre à 2 h du matin, stress mal géré avant une compétition, ennuis avec l'entraîneur) ;
- problèmes de discipline (relâchement à l'entraînement, sautes d'humeur) ;
- difficulté à comprendre la diète prescrite ou à la suivre ;
- blessure.

Soyez à l'écoute de votre enfant. S'il a un problème avec l'entraîneur, posez des questions à ce dernier. Souvenez-vous que la souffrance ne devrait pas être une condition du succès ! C'est la qualité de la communication entre les trois côtés du triangle qui en fera le triangle du succès.

Le mot de Christiane

La notion de confiance envers l'entraîneur est d'une importance capitale. À un moment donné, si votre enfant persévère dans un sport, il devra voyager pour prendre part à des compétitions. Il est alors rassurant pour le parent d'avoir établi confiance et complicité avec l'entraîneur – il sait qu'il sera mis au courant si un problème survient et qu'il pourra compter sur l'entraîneur pour aider à trouver la solution.

La qualité de la relation parent-entraîneur est la base du succès, et l'entraîneur doit être la personne-ressource par excellence.

Après certaines de mes conférences, je suis devenue une personne-ressource malgré moi lorsque des parents sont venus me faire part de leurs inquiétudes, par exemple face à la fatigue de leur enfant de huit ans. Il est clair que quelque chose cloche dans l'emploi du temps si un enfant de huit ans manque d'énergie. Je leur ai toujours conseillé d'en parler avec l'entraîneur.

N'oubliez pas que vous demeurez toujours le parent, et c'est votre souci pour votre enfant qui est votre meilleur guide d'intervention.

CHAPITRE 8

Comment gérer la famille avec un enfant talentueux

On ne peut donner que deux choses à ses enfants : des racines et des ailes.

– Proverbe juif

É milie n'a pas eu d'adolescence. Elle a passé les plus belles années de sa jeunesse dans les estrades d'un court de tennis à lire, faire ses devoirs ou regarder Jonathan, son frère cadet, s'entraîner en vue d'une carrière de tennisman professionnel.

Émilie et Jonathan ne sont pas les prénoms véritables de ces deux jeunes, mais leur histoire est malheureusement authentique. Le jour où un entraîneur a dit à leur père que Jonathan avait le potentiel pour devenir un joueur de haut niveau, l'emploi du temps de la famille, qui compte aussi un autre garçon, a été bouleversé. Ce père autoritaire a décidé que la vie familiale tournerait désormais autour du sport de son fils. Les aînés devaient accompagner Jonathan à son entraînement plusieurs fois par semaine. Et lorsqu'il a commencé à participer à des tournois, toute la famille devait suivre.

Voilà un excellent exemple… à ne pas suivre! Aider son enfant à réaliser son rêve est indispensable. Mais le faire au détriment de ses frères et sœurs et de la vie familiale est d'une grande tristesse. On peut parier que cette attitude est également improductive. Le «héros» de la famille risque fort, en effet, de susciter des sentiments de jalousie intense dans la fratrie et de sentir sur ses épaules une pression d'autant plus énorme que, s'il ne «performe» pas, son entourage au complet aura souffert – et lui-même se sera fait détester – pour rien…

Dans une telle atmosphère, la notion de plaisir, gage de la persévérance de l'enfant, est sérieusement ébranlée. C'est une évidence que subordonner la vie de toute la maisonnée au profit des activités d'un seul enfant n'est pas la recette du bonheur familial.

L'ÉQUILIBRE AVANT TOUTE CHOSE

Il n'est pas facile pour un enfant «normal» d'avoir pour frère ou sœur un enfant «vedette». La clé de l'harmonie familiale est l'équilibre. Équilibre entre l'attention accordée à l'enfant sportif ou musicien et celle accordée à ses frères et sœurs. Équilibre aussi, pour l'enfant concerné, entre l'activité de prédilection, les études et les loisirs.

Pour que tous les enfants de la famille, y compris le jeune «talentueux», se développent sainement, la vie de famille doit être normale: on va à l'école, on fait les courses, on promène le chien, on fait la lessive, on joue avec les enfants et, parfois, on ne fait rien! Bref, la vie continue… Aucun enfant ne doit être pénalisé, et chacun doit vivre sa propre vie. Il est important que le rêve d'un enfant ne devienne pas le rêve imposé à son frère ou à sa sœur. Et il ne faut pas empêcher un enfant de faire une activité à cause de l'entraînement de l'autre.

QUELQUES STRATÉGIES POSSIBLES

Ne pas se mettre la tête dans le sable

Il est vrai que l'enfant qui veut se dépasser fait des sacrifices, dans les loisirs par exemple, mais les autres enfants en font aussi, du fait qu'ils ne reçoivent plus la même attention de la part de leurs parents. Même si on ne veut pas que l'autre enfant soit pénalisé, on ne doit pas pour autant nier la réalité : malgré tous leurs efforts, les parents ne pourront pas accorder autant d'attention aux autres enfants qu'à celui dont le mode de vie présente des exigences particulières. Il faut comprendre que cela n'est pas grave en soi. En admettant ouvertement que la situation est telle, on peut en atténuer les conséquences possibles.

La stratégie du jus de pomme

Malheureusement, lorsque, dans le but de traiter nos enfants équitablement, nous visons obsessivement l'égalité, c'est à ce moment que la rivalité entre les enfants s'installe. Prenons l'exemple classique du jus de pomme. Si le parent fait un effort délibéré pour verser à chaque enfant une portion égale, les enfants prennent l'habitude de tout mesurer pour s'assurer qu'ils ont bien reçu leur compte. C'est la recette parfaite pour créer une rivalité entre frères et sœurs qui pourra durer longtemps. Tentez plutôt de ne pas leur verser la même quantité ; si l'un des enfants proteste, dites-lui : « Si tu veux encore du jus, tu m'en redemanderas. » En revanche, quand les parents accordent leur attention aux enfants à tour de rôle, ces derniers finissent par comprendre que les choses s'équilibrent au bout du compte.

« Normaliser » l'enfant spécial autant que possible

Une bonne façon de maintenir l'équilibre familial est de ne pas faire trop de cas des succès ou de l'emploi du temps de votre enfant sportif ou artiste. Évitez de parler constamment de son entraînement ou de ses cours, de ses compétitions ou de ses récitals, de son emploi du temps et de tout ce qui entoure son activité en général. Lui-même vous en sera reconnaissant! En effet, nombreux sont les jeunes sportifs qui confient à leur entraîneur qu'ils n'en peuvent plus d'entendre parler de tennis, de natation ou de violon – dans la voiture, au dîner, au souper, au petit-déjeuner... Votre enfant doit avant tout demeurer un enfant **normal,** qui participe aux tâches ménagères à l'égal des autres. Ce n'est pas parce qu'il a remporté un championnat provincial de tennis ou gagné un concours de piano qu'il ne doit plus sortir les poubelles ou faire son lit!

Encourager tous les enfants à avoir leur propre rêve

Que chacun des enfants ait sa passion propre est évidemment la situation idéale, en souhaitant que vos finances puissent vous le permettre. Il peut arriver que deux enfants de la même famille se découvrent un goût pour la même discipline. Pour autant que cette inclination soit sincère, elle est à encourager, car elle facilite la gestion du temps au quotidien. Sans nécessairement viser aussi haut, vous pouvez garder à l'esprit certaines familles dont plusieurs membres se sont distingués dans la même discipline. Pensons aux frères Hamelin pour le patinage de vitesse, aux sœurs Dufour-Lapointe pour le ski acrobatique, aux sœurs Williams au tennis, et à la famille Lagacé dans le domaine de la musique à Montréal (l'organiste Bernard Lagacé, son épouse Mireille, claveciniste, et leur fils Éric, contrebassiste, l'ex-conjoint de la soprano Natalie Choquette).

Le partage des tâches quotidiennes

Par exemple, le père emmène fiston à son entraînement ou à son cours de violoncelle pendant que la mère en profite pour faire une activité avec sa fille. On peut aussi faire appel aux grands-parents quelques heures, ou organiser une visite chez un camarade. La meilleure politique est de demander au troisième enfant ce qu'il a envie de faire, et d'agir pour le mieux en conséquence. Le bien-être de chaque membre de la famille doit être préservé. Faites cela à l'avance, pour avoir le temps de conclure les arrangements nécessaires. Ainsi, les autres enfants sentiront qu'ils ne sont pas laissés pour compte, et l'enfant sportif ou musicien comprendra que l'on ne modifie pas l'horaire juste pour lui.

Continuer à faire des activités en famille où tout le monde s'amuse

Ce point est essentiel pour favoriser l'harmonie familiale et préserver des moments où tous les membres de la famille se retrouvent sur un pied d'égalité.

Utiliser l'humour

L'humour démystifie tellement de choses, et il n'a pas son pareil pour dénouer les tensions. Ne pas se prendre trop au sérieux est une devise à appliquer en tout temps !

Consoler et rassurer au besoin

Il y aura inévitablement des moments où un enfant exprimera ouvertement son chagrin ou son inquiétude devant le statut particulier de son frère ou de sa sœur. Prenez le temps de le consoler et de bien lui expliquer que c'est lui l'enfant normal, et non pas le frère ou la sœur avec des horaires très chargés ! L'enfant sportif ou artiste pourra avoir besoin d'être consolé lui aussi à l'occasion : il pourrait se sentir coupable de recevoir plus d'attention que les autres, se faire taquiner ou jalouser par ses frères et sœurs, ou encore craquer sous la pression de ses nombreux engagements et responsabilités.

Laisser les autres enfants faire leurs propres choix

Même s'il vous paraît souhaitable que toute la famille assiste à des événements importants pour votre enfant, par exemple une compétition ou un concours, n'insistez pas s'ils préfèrent se tenir à l'écart. Au moment de l'adolescence, notamment, il est normal qu'ils veuillent affirmer leur indépendance et trouver leur propre identité.

LES AMIS

Les amis sont importants pour tout le monde et en tout temps, mais ils le sont particulièrement à l'adolescence. À cette étape de sa vie, le jeune s'identifie beaucoup à ses pairs, et le contact avec eux lui apporte un soutien essentiel et formateur. Chercher à s'isoler est souvent l'indice d'une tendance dépressive. Le réseau social constitue l'un des fondements de son estime de soi. Même si son emploi du temps est très chargé, assurez-vous que votre enfant a encore le temps de voir ses amis et facilitez ces rencontres, notamment en les accueillant volontiers chez vous. Un jeune qui cherche à se dépasser est confronté un jour ou l'autre à des moments difficiles (échec à un tournoi, mauvaise prestation à un concours de musique, blessure), et la présence d'amis pour lui remonter le moral, lui tenir compagnie et lui changer les idées pourra faire toute la différence.

LA CONCILIATION SPORT-ÉTUDES

Au Québec, les programmes de sport-études au niveau primaire sont de plus en plus populaires (même s'ils ne sont pas reconnus par le ministère de l'Éducation). On peut se demander si ce n'est pas un peu exagéré pour des enfants âgés de 9 à 11 ans.

Au niveau secondaire, toutefois, un tel programme est justifié, puisqu'il facilite l'intégration des études dans le quotidien des adolescents, à un âge où la pratique de leur activité occupe de plus en plus de temps. Il peut aussi simplifier la vie familiale : quand l'enfant rentre tard à la maison, son entraînement est fait, ses devoirs aussi.

Comme le nom du programme l'indique, il est possible (et avantageux) de concilier études et entraînement sportif – tout comme on intègre études et musique au Conservatoire –, et on tente aujourd'hui de jumeler les deux. Songeons un instant aux hockeyeurs professionnels de l'ancienne génération qui étaient peu nombreux à préparer leur vie active après les années consacrées au sport d'élite. Les sportifs d'aujourd'hui accordent plus d'importance aux études et à l'acquisition d'une culture générale en vue de leur seconde carrière. On pense au skieur Pierre-Alexandre Rousseau qui a pris congé du sport pendant un an pour étudier à l'université, au hockeyeur Louis Leblanc qui a séjourné un an à l'université Harvard ou à l'haltérophile Maryse Turcotte qui, après avoir obtenu un baccalauréat en administration de l'Université du Québec à Montréal, puis une maîtrise en administration de la santé de l'Université de Montréal, a entrepris à 30 ans des études de médecine à l'Université Laval.

L'idéal est de réussir à trouver un équilibre entre les études, qui doivent demeurer une priorité, et le sport. Selon les disciplines – et la maturité de l'athlète –, jumeler les deux peut être possible assez longtemps. Le défi sera plus grand, cependant, si votre enfant pratique un sport exigeant qu'il s'absente plusieurs semaines chaque année pour des entraînements ou des compétitions. Les jeunes qui obtiennent de très bons résultats à l'école ainsi que dans une discipline sportive sont heureusement de plus en plus nombreux.

Les premières années

Il a toujours été très clair pour mon mari et moi que notre fille, Anouk, ne devait pas souffrir de toute l'attention que recevait Alexandre. Elle aussi devait avoir une belle jeunesse et s'amuser. Nous avons eu de la chance qu'Anouk et Alexandre aiment pratiquer les mêmes sports quand ils étaient petits – le ski et le plongeon. Cela nous a grandement facilité la vie ! Pour nous, le ski était l'activité privilégiée du week-end, qui nous permettait de nous amuser en famille. Les cours de plongeon avaient lieu en semaine, après l'école.

Anouk et Alexandre ont tous deux fait des progrès dans cette discipline et ils ont participé à des compétitions régionales de plongeon. Deux heures de cours par semaine convenaient aux deux enfants au début. Nous avons fait en sorte qu'il n'y ait pas de cours de plongeon le vendredi après-midi pour garder l'emploi du temps simple. Lorsqu'est venue l'étape des compétitions provinciales, l'entraîneur nous a proposé une troisième heure de cours. Alexandre était enthousiaste, mais Anouk ne voulait pas en faire davantage, choix que nous avons respecté.

J'ai dit à Anouk que nous allions profiter de cette heure supplémentaire pour faire des choses ensemble. Cela ne dérangeait pas Alexandre que je n'assiste pas à sa troisième heure de cours – tant qu'il plongeait, il était heureux. Anouk et moi allions nous promener ou faire des courses. Parfois nous faisions ses devoirs à la cafétéria. C'était moins amusant, mais je lui disais : «Tu as de la chance, tes devoirs seront finis quand nous rentrerons à la maison, tandis qu'Alexandre, lui, devra les faire demain.» Quand Alexandre s'absentait pour participer à des compétitions, Anouk était contente parce que nous nous occupions beaucoup d'elle pendant ce temps. Anouk a aujourd'hui 29 ans, et j'ai encore le même réflexe à son endroit...

L'heure des choix

De 5 à 11 ans, Alexandre est passé rapidement des compétitions régionales au niveau national. Cela signifie qu'en l'espace de quelques années seulement nous avons dû, comme famille, nous ajuster à une forte augmentation de la cadence – de deux jours d'entraînement par semaine à cinq jours. C'est lorsque s'est ajoutée, le samedi matin, la cinquième séance d'entraînement que Pierre et moi avons été confrontés à un choix.

Jusque-là, l'hiver, le départ en famille pour la montagne le vendredi soir en vue de notre week-end de ski était sacré. Toutefois, à partir de ce moment, Pierre a quitté pour le chalet le vendredi soir avec Anouk. Il en profitait pour passer un beau moment avec elle et l'emmener au restaurant, par exemple. Je faisais de même avec Alexandre, et le lendemain, dès le cours terminé, nous filions les rejoindre. Nous avons ainsi réussi à préserver notre activité familiale sans qu'aucun des enfants ne soit pénalisé. L'attention que nous avons donnée à Anouk et à Alexandre était différente, parce que leurs besoins étaient différents.

À partir du moment où Alexandre a commencé à s'entraîner quatre heures par semaine, ma mère a été très présente auprès d'Anouk. Il était important pour moi de m'assurer qu'elle était bien pendant que j'accompagnais Alexandre à son entraînement. Dans mon cœur de mère, je ne pouvais pas me permettre que l'un de mes enfants soit malheureux à cause de l'autre.

Le chagrin d'Anouk

Je m'en souviendrai toute ma vie. C'est l'un des moments les plus éprouvants que j'ai vécus comme mère. Alexandre venait de rentrer des Jeux du Commonwealth, où il a surpris tout le monde en remportant, à 13 ans, une compétition pour adultes à laquelle il ne participait que pour acquérir de l'expérience. Déjà, nous avions été étonnés de voir la foule et les journalistes qui l'attendaient à l'aéroport...

Deux jours plus tard, les voitures des médias encombraient notre entrée. Les journalistes sonnaient à la porte. Les demandes d'entrevue se succédaient. C'était la folie. À un moment, je cherchais Anouk et ne la trouvais pas. Puis j'ai réalisé qu'elle était à l'étage, sous la douche. En m'approchant, je l'ai entendue qui pleurait à gros sanglots. Je lui ai demandé pourquoi. Elle est sortie de la douche et, toujours en larmes, elle s'est laissé glisser sur le plancher. Je me suis assise par terre, à côté d'elle – je pleurais moi aussi. Elle a réussi à articuler : « Pourquoi papa et toi vous ne m'avez pas faite aussi bonne que lui ? » Je lui ai répondu : « Ma cocotte, tu n'as rien à lui envier, c'est toi qui es normale, pas lui. Nous t'avons faite avec le même amour, mais lui il est différent. La plupart des gens sont à 80 % ou à 90 %. Que veux-tu, lui, il est à 120 % tout le temps. » Elle a répondu : « Je pense que tu as raison... » À un moment, elle a ri à travers ses larmes, et nous avons ri ensemble.

Anouk a repris le dessus, mais les mois qui ont suivi ont été forcément très difficiles pour elle : elle n'était plus Anouk Despatie. Elle était devenue « la sœur de... ». Au lieu de lui demander comment elle allait, les gens qui la croisaient lui demandaient : « Comment va ton frère ? » Alexandre, qui adore sa sœur, était mal à l'aise de créer un tel tollé. Il n'était pas au courant de l'incident de la douche. Il l'a appris sur un plateau de télévision où je l'ai raconté au cours d'une entrevue. Il en a été très touché.

Anouk et Alexandre

Quoi qu'on fasse, les autres enfants se sentent toujours dévalorisés lorsqu'ils se comparent à l'enfant spécial. À l'adolescence, Anouk traitait souvent son frère de « petit parfait ». Je lui disais que son frère était loin d'être parfait. « As-tu vu sa chambre ? » Les gens me disent souvent : « Vous avez un garçon parfait. » Mais non, pas du tout !

Cette époque est maintenant révolue et nos deux enfants s'aiment beaucoup, Dieu merci. Alexandre est très respectueux envers sa sœur. Il ne s'est pas offusqué qu'elle n'assiste pas aux Jeux olympiques de Chine et de Grèce. Mais c'est Anouk qui a exprimé le désir d'aller à Londres, parce que ce seront peut-être les derniers Jeux olympiques d'Alexandre. Il était impensable pour elle de ne pas être là.

La famille de la plongeuse Meaghan Benfeito est confrontée au même genre de défi. Son père, Arthur, raconte qu'à cause de tous les sacrifices qu'ils ont faits – avec grand plaisir, mais ils les ont faits quand même – pour Meaghan, il est difficile pour eux de refuser des choses à leurs jumelles. Aussi, les visiteurs qui passent chez eux s'empressent de demander des nouvelles de la plongeuse médaillée, et il doit leur rappeler qu'il a deux autres filles...

L'école

Alexandre a toujours eu de la facilité dans tous les domaines, et l'école ne fait pas exception. Au primaire, c'était un premier de classe. Au secondaire, nous l'avons inscrit dans un programme sport-études. Il allait à l'école le matin et il s'entraînait l'après-midi. La situation s'est compliquée au niveau collégial. S'entraîner 25 heures par semaine tout en poursuivant ses études était très exigeant.

Ce n'était pas la seule difficulté. Le fait d'être un champion olympique si jeune le mettait dans une classe à part. Il se sentait constamment observé, jugé. Certains élèves pouvaient même se montrer désagréables. Au bout d'un an, il n'était plus capable de se concentrer et il a mis fin à ses études. Pierre et moi avons été beaucoup critiqués pour cette décision, mais seul son entourage immédiat pouvait comprendre dans quel état d'esprit Alexandre se trouvait.

Que tout le monde soit bien...

Comme parents, quand nous choisissons de gérer la situation familiale pour que tous les enfants puissent s'épanouir, j'ai toujours trouvé important de ne pas employer le mot « sacrifice ». Les sacrifices, au fond, ce sont Anouk et Alexandre qui les ont faits, notamment en ce qui concerne leur vie sociale. C'est pourquoi il a toujours été important pour nous que, malgré leur horaire chargé, Anouk et Alexandre passent du temps avec leurs amis. Pierre et moi n'avons pas sacrifié une partie de notre vie pour la carrière d'Alexandre. Au contraire, nous avons géré notre vie autrement pour que tout le monde soit bien. Si c'était à refaire, nous referions exactement la même chose.

Maintenir l'équilibre entre la famille, les études, les activités sportives ou autres et les amis est important pour toutes les familles, et vous en faites l'expérience si vous emmenez vos enfants à leur entraînement de tennis, de soccer ou de hockey, ou encore à leur cours de musique 12 mois par année. Que vous soyez une famille olympique ou non, les défis à affronter sont les mêmes.

CHAPITRE 9
La performance… à quel prix?

Ma vie a toujours appartenu à quelqu'un d'autre… J'ai passé mon enfance dans une cellule d'isolement, mon adolescence dans une chambre de torture.

– ANDRE AGASSI, dans son autobiographie *Open*

Christophe Fauviau, un ancien militaire vivant dans la région de Dax, dans le sud-ouest de la France, a été condamné en mars 2006 pour avoir accidentellement causé la mort d'un jeune homme de 25 ans. M. Fauviau est le père d'un garçon et d'une fille qui se distinguaient à l'époque dans des tournois régionaux de tennis en France. Pendant des mois, pour assurer la victoire de ses enfants à leur insu, il a mis, dans les bouteilles d'eau des jeunes qui affrontaient ses enfants sur le court, une substance créant de la somnolence. Au cours d'un match contre le fils de M. Fauviau, le jeune joueur Alexandre Lagardère s'est senti trop fatigué pour continuer et est parti en voiture. Il s'est endormi au volant…

Dans son réquisitoire, l'avocat de la poursuite a déclaré: «Il s'agit du procès du dopage à l'envers, le procès d'un homme pour qui rien n'est grave dans un monde sans limite. Le procès d'un adulte qui fait de ses enfants les objets de ses propres fantasmes de réussite.»

Dans son ouvrage intitulé *Le revers de la médaille* (Flammarion, 1996), Joan Ryan présente de nombreux exemples de jeunes filles soumises à des exigences démesurées. Elle cite le cas d'une jeune gymnaste new-yorkaise qui, à la fin d'une séance d'entraînement, dit à son entraîneur qu'elle se sent trop fatiguée pour faire le dernier triple saut arrière qu'il lui réclame. Sa mère insiste: «Si ton entraîneur t'en juge capable, tu dois le faire.» La jeune fille obéit. Son élan manquant d'énergie, elle tombe sur la tête et se fracture des vertèbres cervicales. Elle sera quadraplégique jusqu'à la fin de ses jours.

ACCEPTER N'IMPORTE QUOI AU NOM DU SUCCÈS SPORTIF?

Pendant ce temps, au Québec…

En mars 2011, l'équipe de hockey bantam AA du Collège français, à Montréal, disputait un tournoi à Sherbrooke. Après le match, malgré le bannissement des rituels d'initiation à la suite d'incidents déplorables survenus notamment à l'Université McGill, des joueurs âgés de 14 ans ont décidé d'«initier» des jeunes de 12 et 13 ans. Ils les ont soumis à des actes sexuels dégradants. Selon les témoignages recueillis, aucun adulte n'était présent, mais un entraîneur informé de l'incident a semoncé les jeunes responsables sans toutefois prévenir la direction du collège. Il aurait aussi demandé à ceux-ci de taire les événements.

Plusieurs parents étaient au courant, mais n'ont rien fait, apparemment «pour ne pas nuire à l'équipe». Ce n'est que deux mois et demi plus tard qu'un parent a protesté auprès d'un entraîneur. Autre fait troublant, ce parent s'est d'abord adressé à l'entraîneur pour se plaindre du fait que son fils n'avait à son avis pas suffisamment de «temps de glace». Le rituel d'initiation n'occupait que la deuxième place sur sa liste de doléances.

« Voilà un parent typique que l'on voit dans les arénas du Québec, s'est indigné Jean-Charles Lajoie, chroniqueur sportif à TVA, le 9 février 2012. Il faut avoir, comme moi, passé les trois quarts de sa vie dans un aréna, comme joueur d'abord, ensuite comme entraîneur et enfin comme parent, pour comprendre cette mentalité et l'omertà qui a suivi cet incident terrible. Il y a des parents qui voient leur jeune comme leur futur plan de retraite. C'est de la folie furieuse. »

SE DÉTRUIRE AU NOM DE LA VICTOIRE

À la veille des Jeux olympiques de Londres, plusieurs athlètes à la retraite, qui ont survécu contre toute attente à diverses épreuves subies au nom de la performance et des médailles, lancent un ouvrage sur les dessous du sport d'élite. La nageuse américaine Amanda Beard fait partie de ces athlètes. « Rétrospectivement, je pense que mon histoire est caractéristique, dit l'ancienne nageuse olympique. J'ai affronté de nombreux problèmes, y compris la dépression, le manque de confiance en moi et l'automutilation, qui sont le lot de beaucoup d'individus.

« Oui, j'ai gagné sept médailles olympiques et j'ai grandi sous le regard du public, posant pour des magazines et accordant des entrevues. Mais, au fond de mon cœur, malgré le glamour et les paillettes, j'étais une jeune fille ordinaire aux prises avec mes démons intérieurs. » Amanda révèle dans son livre qu'elle s'infligeait des coupures pour soulager son stress. Par ailleurs, se faire vomir lui permettait de garder l'équilibre entre un corps de mannequin et un corps d'athlète. Ce fut un combat difficile pour elle, mais, malheureusement, son cas n'est pas exceptionnel dans le monde sportif, où les athlètes souffrent en silence devant des spectateurs aveuglés par leurs médailles et leur succès.

COMBIEN DE TRAGÉDIES FAUDRA-T-IL?

Les cas que l'on vient de voir sont évidemment extrêmes. Toutefois, ils révèlent un état d'esprit répandu chez un certain nombre de parents qui sont prêts, sinon à tout, du moins à beaucoup de choses pour que leur enfant atteigne le succès.

Ce phénomène ne se limite pas au domaine sportif. Lorsque le pianiste chinois Lang Lang a publié son autobiographie pendant l'été 2008, le monde entier a été choqué d'apprendre dans quelles conditions l'un des plus grands pianistes du monde a fait son apprentissage. Son père était à ce point obsédé par l'idée que son fils, déjà virtuose à cinq ans, deviendrait un jour le numéro un chinois du piano qu'il a quitté son emploi pour l'emmener vivre dans des taudis à Beijing. Il l'a dès lors astreint à un régime très strict et lui a fait porter le poids de leurs difficultés. Un jour, le petit Lang Lang, âgé de neuf ans, a été retenu à l'école et est arrivé à la maison deux heures en retard, compromettant ainsi le déroulement de sa répétition quotidienne. Son père a alors voulu conclure avec lui un pacte de suicide… Il s'en est fallu de peu que le monde perde ce grand artiste, aujourd'hui l'un des meilleurs vendeurs de disques de musique classique.

Combien faudra-t-il de Geneviève Jeanson et d'Alberto Contador? Combien de parents devront encore s'invectiver dans les estrades durant un match de hockey? Combien de jeunes athlètes faudra-t-il voir abandonner leur sport, démotivés par les réactions intempestives de leurs parents après une mauvaise performance?

POURQUOI CES SITUATIONS?

Ces histoires affligeantes sont attribuables à des causes diverses.

Des manquements de la part des parents

Des parents qui ont fermé les yeux sur les méthodes abusives d'un entraîneur, et même sur l'administration d'un produit dopant à leur enfant, comme dans le cas de la cycliste Geneviève Jeanson. Absence de maturité psychologique et projection sur leurs enfants de leurs propres désirs – voilà les travers qui affectent les parents présentant dans les estrades un comportement disgracieux. Ce dernier trait est d'ailleurs souvent en cause dans les mots malheureux que peuvent prononcer des parents frustrés après un match décevant. Des mots qui peuvent être à l'origine de dépressions graves et d'abandon chez leur enfant, sinon de l'apparition de comportements délinquants. Des remarques inappropriées ou une pression très forte exercée sur une jeune fille (ou un jeune garçon) par un parent ou un entraîneur peuvent déclencher un comportement anorexique : ne pouvant contrôler sa vie, la jeune fille décide qu'elle contrôlera au moins son corps. Il s'agit fréquemment de jeunes filles brillantes, perfectionnistes, candidates à ce qu'on appelle le syndrome de la médaille d'or : l'obsession de la performance dans tous les domaines.

Entraînement = souffrance

Il faut que les jeunes soient motivés par des valeurs d'entraînement, de dépassement, de maximisation de leur potentiel. C'est le but de tout entraînement sportif à partir d'un certain niveau. Cependant, ces valeurs doivent être vécues dans un contexte sain. Une fausse perception circule depuis longtemps dans le milieu sportif. Certaines personnes en sont venues à penser qu'il faut que leur enfant poursuive son entraînement, même s'il est blessé. Il n'est pas rare qu'un parent emmène son enfant à l'entraînement malgré une gastroentérite, croyant que cela va l'habituer à surmonter les obstacles. Ce type de parent, quand son enfant sera plus âgé, pourra tenter de le pousser vers des objectifs totalement inaccessibles.

La volonté d'accélérer le développement

Il faut vivre les étapes du développement à l'âge approprié à chacune, sans en sauter. Même si un enfant de troisième année est physiquement plus fort que ses camarades de classe, son âge mental demeure celui d'un enfant de huit ou neuf ans. Bien des gens croient à tort que plus on s'entraîne, plus le développement est rapide. On entend des entraîneurs dire d'un jeune : « On va accélérer son développement. » Erreur. Le développement ne s'accélère pas.

LES MAUVAIS MODÈLES

Dans plusieurs cas, les parents adoptent des comportements improductifs parce qu'ils s'inspirent de cas exceptionnels pour justifier leurs méthodes. Si un père abusif a réussi à faire d'Andre Agassi un champion de tennis, et un autre à amener Tiger Woods au rang de meilleur golfeur de tous les temps, pourquoi les mêmes méthodes ne donneraient-elles pas d'aussi bons résultats avec mon enfant ? Le père de Lang Lang a pris comme modèle Leopold Mozart, le père du célèbre compositeur, qui a fait travailler son fils comme un forçat toute son enfance. Depuis que l'étoile Sydney Crosby a révélé qu'il a commencé à jouer au hockey à deux ans en lançant une rondelle dans le sèche-linge du sous-sol, parions que des électroménagers ont poussé dans plusieurs sous-sols partout au pays...

Ce que l'histoire ne dit pas, c'est que pour chaque Tiger Woods, pour chaque Lang Lang, combien d'enfants ont été détruits ? On le sait dans le cas d'Andre Agassi. Son père a admis avoir utilisé ses deux aînés comme cobayes et les avoir démolis avant de réussir avec le cadet. Certains passages de l'autobiographie d'Andre Agassi, *Open*, sont pénibles à lire. Il raconte que son père, excessif et violent, lui a fait détester le tennis «avec une passion sombre et secrète». Il fait aussi cet aveu dérangeant: «Personne ne m'a jamais demandé si je voulais jouer au tennis, encore moins si je voulais en faire ma vie.» De sa seconde femme, la championne de tennis Steffi Graf, on a aussi dérobé l'enfance.

AVEUGLÉS PAR L'ENTRAÎNEUR

Le parent est parfois aveuglé par la «réputation» de l'entraîneur, au point de faire taire son instinct de parent et de tolérer des choses inacceptables. Sans réagir, il voit son enfant souffrir à l'entraînement et entend l'entraîneur l'insulter. Dans *Le revers de la médaille*, l'auteur Joan Ryan dénonce les abus dont sont victimes les jeunes gymnastes et patineuses artistiques, sacrifiées à l'obsession de gagner à tout prix. Elle s'étonne de ce que l'on exige de jeunes de 13 ans qu'ils s'entraînent 10 heures par jour, alors que la loi leur interdit de travailler. Elle s'insurge également contre le fait qu'aucune loi n'oblige les entraîneurs à obtenir une certification pour exercer leur métier.

D'où l'importance pour le parent d'ouvrir les yeux et de poser les bonnes questions pour que son enfant évolue dans le meilleur environnement possible. Il doit rechercher des entraîneurs possédant une certification, un sens de l'éthique… et qui ne présentent pas un ego démesuré! Un bon entraîneur sait que les résultats appartiennent à l'athlète, et non à lui-même. Il arrive trop souvent que les entraîneurs fondent leur réputation sur la réussite de leurs athlètes – ils sont donc eux aussi aveuglés par les résultats. Malheureusement, ce système fonctionne. Les parents font la queue et peuvent dépenser des fortunes pour avoir accès au «meilleur entraîneur». Le prix à payer? Un athlète malheureux, des blessures qui laissent des séquelles permanentes, et des enfants qui ont perdu leur jeunesse.

LES PARENTS À PROBLÈMES

Les parents peuvent être une source de problèmes pour l'entraîneur. Voici un résumé des principaux types de parents à problèmes et les mesures à prendre avec chacun d'eux, partiellement inspiré des écrits du chercheur Frank Smoll[10].

Parent indifférent. Le parent indifférent se caractérise principalement par son absence aux activités de l'équipe, à un point qui perturbe l'enfant.

- **Que faire ?** Essayez de découvrir pourquoi le parent n'offre aucune participation ou contribution et faites-lui savoir que son implication serait bienvenue. Assurez-vous de ne pas commettre l'erreur de mal juger des parents qui sont intéressés en réalité, mais ont de bonnes raisons pour rater les activités (travail, maladie, etc.). Expliquer les bénéfices du sport et comment il peut rapprocher les enfants et les parents pourrait éveiller l'intérêt du parent pour l'activité de son enfant. Les athlètes ont besoin d'aide eux aussi dans ce genre de situation. Vous devez les encourager et leur montrer que vous vous intéressez véritablement à eux comme personnes.

- **Que dire ?** «François s'améliore beaucoup et il aime vraiment jouer au soccer. Si vous assistiez à quelques pratiques ou matchs, vous pourriez rendre l'expérience encore plus enrichissante pour lui. Est-ce que cela vous serait possible ?» *Ou* «Je sais que les parents sont très occupés, mais ce serait formidable si vous pouviez assister à quelques matchs ou pratiques. Cela ferait un immense plaisir à François ! Pensez-vous pouvoir trouver un moment pour assister à un match ?»

Parent trop critique. Le parent trop critique gronde et réprimande souvent son enfant. Ce parent n'est jamais satisfait de la performance de l'enfant. Il donne l'impression qu'il s'agit plus de son expérience à lui que de celle de l'athlète.

- **Que faire?** Certains parents assimilent inconsciemment le succès ou l'échec de leur enfant à leur propre succès ou échec. En conséquence, ils traitent leur enfant sévèrement. Vous devriez, avec tact, tenter de sensibiliser le parent trop critique à ce problème. Expliquez comment des reproches constants peuvent être source de stress et de bouleversement émotif chez leur jeune et affecter sa performance. Expliquez-leur pourquoi vous préférez utiliser les compliments et les encouragements pour motiver et instruire les jeunes, et comment les parents peuvent faire de même.
- **Que dire?** « Je sais que vous cherchez seulement à aider Sandrine, mais quand vous la critiquez, elle devient tellement nerveuse qu'elle joue moins bien, et cela lui enlève certainement le plaisir qu'elle prend au jeu. » *Ou* « J'ai constaté que Sandrine réagit beaucoup mieux aux encouragements et aux compliments qu'aux critiques. Si vous encouragiez votre fille au lieu de la critiquer tout le temps, le sport serait une activité bien plus agréable pour vous deux. Après tout, le jeu appartient aux enfants. Ils jouent pour le plaisir, et trop de reproches gâchent leur plaisir. »

Parent qui hurle à l'extérieur de la surface de jeu. Certains parents semblent avoir des poumons d'acier et des cordes vocales assorties. Ces parents s'assoient souvent juste derrière le banc et présentent une menace directe pour la santé de vos tympans! Régulièrement, ils fulminent et s'emportent, couvrant toute autre personne qui parle dans cette zone, y compris vous-même. Tous sont la cible de leurs insultes – membres de l'équipe, adversaires, entraîneurs, officiels.

- **Que faire?** Ne discutez pas avec un parent qui crie. Cela n'arrangera rien et pourrait même empirer les choses. Pendant une pause, calmement, avec tact et en privé, faites observer à cette personne que hurler de la sorte est un piètre exemple à donner aux jeunes athlètes. Vous pouvez également demander à d'autres d'aider à corriger la situation en travaillant avec cette personne lors des compétitions. Vous pouvez aussi confier au parent dérangeant une tâche qui aidera l'équipe (recruter des adversaires, tenir des statistiques, s'occuper de l'équipement, etc.). Cela pourrait lui inculquer le sens des responsabilités et le garder tranquille. Si les hurlements persistent, demandez l'aide des administrateurs.

- **Que dire?** «Je sais qu'il est facile de s'exciter, mais les enfants sont là pour s'amuser. Essayez de ne pas prendre le match trop au sérieux, d'accord?» *Ou* «Écoutez, pourquoi ne pas nous rencontrer après le match et vous pourrez me faire part de vos idées sur les méthodes d'entraînement? Je préférerais les entendre après le match, parce que, pendant qu'on joue, cela crée beaucoup de confusion.»

Parent qui donne des conseils à l'extérieur de la surface de jeu. On voit souvent le parent qui assume le rôle de gérant d'estrade, penché au-dessus du banc, en train de dispenser des conseils aux athlètes. Ceux-ci peuvent contredire vos instructions et perturber l'équipe.

- **Que faire?** Là non plus, n'affrontez pas ce parent tout de suite. Faites savoir à vos athlètes que c'est vous leur entraîneur pendant les entraînements et les compétitions, et qu'ils doivent vous accorder toute leur attention. Écouter les instructions d'autres personnes peut créer de la confusion. En privé, dites au parent à quel point les athlètes deviennent confus lorsque deux ou plusieurs personnes leur disent quoi faire. Vous pourriez demander au parent d'être soit un entraîneur adjoint à plein temps, soit un spectateur à plein temps.

- **Que dire?** «J'apprécie votre souci et votre enthousiasme envers l'équipe. Mais lorsque vous donnez des instructions à Jérôme pendant le match, cela entraîne de la confusion pour lui et pour les autres enfants. Je sais que vous avez de bonnes idées, et j'aimerais les connaître. Mais après le match, s'il vous plaît.»

Parents surprotecteurs. La plupart du temps, il s'agit de la mère d'un athlète. Quand l'enfant pratique son activité, l'expression et les commentaires de ce parent traduisent l'inquiétude. Le parent surprotecteur menace fréquemment de retirer son enfant à cause des dangers inhérents à son sport.

- **Que faire?** Vous devez tenter de rassurer le parent quant au risque de blessure en lui disant que l'activité de son enfant pose peu de danger. Expliquez-lui que les règlements et l'équipement protègent l'athlète. Soulignez le fait qu'un entraînement, un programme et un arbitrage de qualité constituent un élément de protection supplémentaire.
- **Que dire?** «Nous faisons tout en notre pouvoir pour que ce sport soit le plus sûr possible pour les athlètes. Rappelez-vous que je n'entraînerais pas les enfants si je ne me préoccupais pas de leur sécurité ou si je pensais que ce sport peut être dangereux pour eux.» *Ou* «La santé de chacun de ces enfants me tient à cœur et je ne les laisserais jamais faire quoi que ce soit qui mette leur sécurité en danger.»

DISTINGUER LES JEUNES DES PROFESSIONNELS

Un problème majeur dans le sport chez les jeunes est l'inaptitude de certains parents et entraîneurs à dissocier le sport chez les jeunes du modèle du sport professionnel. Le premier prône le développement de valeurs physiques et psychologiques saines dans un contexte pédagogique. À l'inverse, le sport professionnel est une entreprise dont les objectifs sont de divertir le public et de faire des profits.

Lorsque la confusion règne entre les deux, les parents voient en l'enfant un prolongement de leur propre personne. La confiance en soi des parents fluctue au gré du succès et des échecs de leur progéniture : les parents deviennent des « gagnants » ou des « perdants » par l'entremise de leur enfant. Il arrive aussi que les parents veuillent connaître, par l'intermédiaire de leur enfant, le succès auquel eux-mêmes ont jadis aspiré[11].

DE L'AMOUR AVANT TOUTE CHOSE

Le pianiste Lang Lang affirme dans son autobiographie qu'il aurait fait la même carrière sans la pression excessive exercée par son père. « Je savais ce que je voulais », écrit-il. Il ajoute qu'aujourd'hui, après avoir rencontré beaucoup d'artistes dont le développement a eu lieu dans des conditions nettement plus détendues que le sien, il se rend compte que ce dont les enfants ont besoin, c'est d'amour. À son avis, les parents qui sont prêts à tout pour favoriser le succès de leur enfant ne réussissent pas mieux que les autres.

Après avoir lu ce qui précède, jusqu'où êtes-vous prêt à aller pour favoriser le succès de votre enfant ?

CHAPITRE 10
Dans la cour des grands

Comment la décrire, cette cinquième médaille ?
Un pur bonheur, la fierté, l'extase… Jamais je n'oublierai cette course.

– CHANTAL PETITCLERC, décrivant l'émotion ressentie
lorsqu'elle a gagné sa cinquième médaille d'or,
aux Jeux paralympiques de Beijing en 2008

« La planète de l'excellence, le 1 % du 1 %. » C'est ainsi que le psychologue sportif Bruno Ouellette définit la performance de haut niveau. C'est sur cette planète que vit votre enfant, maintenant qu'il a atteint la troisième étape de son développement. Il est passé du rêve à la réalité, et il évolue désormais dans la cour des grands.

Son activité est devenue une passion qui occupe une très grande partie de son temps. Il s'entraîne de 20 à 30 heures par semaine – peut-être davantage s'il est musicien. Son emploi du temps s'articule autour de ses entraînements ou de ses répétitions. Il est consumé par le désir de toujours améliorer ses performances et de gagner lorsqu'il participe à des compétitions. Il rêve à de grandes choses : reconnaissance internationale, carrière professionnelle, Jeux olympiques…

Atteindre les hautes sphères de la performance a eu sur votre enfant des effets positifs. Il a acquis de la maturité et le sens de la discipline, et son estime de soi s'est raffermie.

D'UN DÉFI À L'AUTRE

Toutefois, sa vie – et la vôtre – est une suite de défis, surtout si c'est dans le sport que votre enfant vise le sommet. Il va de compétitions en tournois, et la lutte contre la pression et le stress est quotidienne, tout comme le défi de la conciliation sport-études. Certaines activités à risque lui sont dorénavant interdites ; il ne doit pas mettre en péril les progrès accomplis. Parmi ses pairs, il est dans une classe à part. Du reste, il a peu de temps à consacrer à ses amis, ce qui pourrait nuire à son équilibre psychologique en cas de coup dur.

Comme parent, vous n'avez ménagé aucun effort pour que le rêve de votre enfant se concrétise. Vous n'avez pas laissé son développement au hasard. Vous avez choisi le meilleur entraîneur ou professeur que vous avez pu trouver, celui dont les valeurs et l'objectif correspondaient à ce que vous recherchiez. Vous avez fait en sorte de procurer à votre enfant l'environnement le plus susceptible d'assurer ses progrès dans un climat sain. Vous vous êtes levé aux aurores, vous l'avez encouragé du mieux que vous pouviez et vous avez dépensé beaucoup d'argent – les parents dont l'enfant a participé à des événements prestigieux, tels que les Jeux du Commonwealth, une Coupe du monde, les Jeux olympiques ou paralympiques, savent que l'accès à ces événements est plus compliqué qu'ils ne le croyaient aux points de vue logistique, accessibilité et coûts. Situation à laquelle les « nouveaux parents » ne sont pas préparés !

Votre enfant a atteint l'âge où il cherche à affirmer son autonomie, c'est-à-dire qu'il traverse un processus de détachement.

Votre ado vous fait comprendre que votre présence n'est plus nécessaire, ni forcément bienvenue, à ses entraînements ou lorsque ses tournois l'amènent à voyager. Pour un parent, surtout s'il s'est investi énormément dans le développement de son enfant, cela peut être difficile à accepter. Cette étape est néanmoins normale et nécessaire. Pour vous, cependant, c'est un défi supplémentaire que vous n'avez peut-être pas vu venir…

Le mot de Christiane

Comme parents, nous devons apprendre à nous détacher et à laisser nos enfants gérer leur désir d'indépendance. Ce n'est pas une tâche facile, puisque nous sommes habitués à gérer leur vie depuis qu'ils sont petits. Pierre et moi y sommes arrivés lentement mais sûrement. Pour moi, cet aspect a été difficile.

LA VIGILANCE EST ENCORE DE MISE

Vous pourriez penser que le moment est enfin venu pour vous de souffler un peu et de laisser votre jeune mener sa barque. Après tout, il atteindra bientôt l'âge adulte.

Pourtant, même si votre surveillance peut et doit demeurer discrète, et malgré les velléités d'indépendance de votre jeune, ce n'est pas le moment de relâcher votre vigilance. Quelques dangers, en effet, menacent toujours votre enfant.

Les rapports avec l'entraîneur

Normalement, si votre enfant a atteint l'étape de la haute performance, on peut penser que le triangle du succès a fonctionné. On suppose que l'entraîneur a bien fait son travail et que ses rapports avec vous ainsi qu'avec votre enfant sont bons.

Toutefois, un changement d'entraîneur ou simplement le passage de votre jeune à la vitesse supérieure pourraient modifier le programme d'entraînement, voire l'attitude de l'entraîneur.

Gardez à l'esprit que votre enfant passe probablement plus de temps avec son entraîneur qu'avec vous! Si ce dernier fait partie des entraîneurs qui accordent beaucoup d'importance aux résultats au détriment du processus d'amélioration, il pourrait être tenté de hausser le niveau des exigences trop rapidement. Il pourrait aussi devenir plus autoritaire et relâcher les règles du respect qui doivent régir en tout temps les relations athlète-entraîneur. Assurez-vous de maintenir une bonne communication avec votre jeune, même si ses comportements d'adolescent vous tombent parfois sur les nerfs. S'il vous fait confiance, il vous confiera ses problèmes avec l'entraîneur, le cas échéant.

Assurez-vous aussi que l'intensité et le volume de l'entraînement n'excèdent pas ce que votre enfant est en mesure de supporter. À titre indicatif, l'entraînement au niveau avancé devrait occuper de 15 à 20 heures par semaine, tandis que l'athlète de pointe pourra s'entraîner de 25 à 35 heures par semaine.

Les blessures

Une blessure accidentelle est imprévisible par définition. Cependant, si votre enfant, de son propre chef ou à la suggestion de son entraîneur, a accéléré la cadence, il pourrait être sujet à une blessure causée par la surutilisation de certains groupes musculaires. Bien que ce problème puisse généralement se régler avec du repos et de la physiothérapie, certaines blessures peuvent conduire à l'abandon de l'activité. La douleur est un signal d'alarme. Les douleurs musculaires au quotidien sont souvent normales à ce niveau. Mais vous ne devez pas accepter que votre enfant continue à s'entraîner s'il ressent une douleur intense ou s'il est malade. S'il le fait, le problème risque de s'aggraver, les conséquences aussi. Toute douleur prononcée doit être rapportée à l'entraîneur.

La situation est différente lors de compétitions. Dans son livre *16 jours à Pékin*, l'athlète paralympique Chantal Petitclerc décrit des fins de course où elle est parvenue au fil d'arrivée dans des douleurs à la limite de ce que son corps pouvait supporter. Les coureurs de fond sont confrontés aux mêmes conditions. Toutefois, il s'agit de circonstances particulières où l'athlète est obligé d'aller au bout de ses ressources pour atteindre son rendement maximal.

La mère de la nageuse de fond Maxime Mentha ne s'est jamais mêlée de son entraînement... jusqu'au jour où sa fille, déjà athlète d'élite, a commencé à ressentir des douleurs aux épaules si intenses qu'elle ne pouvait monter un escalier sans pleurer. « Je suis allée parler à son entraîneur, même si Maxime ne voulait pas que je le fasse. J'estimais que c'était mon devoir de mère d'empêcher que cette situation ne s'aggrave. Maxime m'en a voulu sur le coup, mais je n'ai pas regretté mon geste, puisque les choses se sont améliorées par la suite. »

L'équilibre éducation-compétition

Dans le sport d'élite, les séjours des athlètes à l'étranger pour l'entraînement ou la compétition sont de plus en plus fréquents. Dans ces conditions, l'équilibre entre les études et la performance devient difficile à maintenir. Pour certains sports, tels le plongeon et le tennis, le défi est particulièrement grand.

La fatigue mentale

C'est un phénomène souvent ignoré. Le concept de fatigue mentale est défini par l'auteur Philippe Fleurance comme un «épuisement émotionnel» attribuable à une «combustion interne des énergies individuelles», qui peut être causé par un stress excessif ou non résolu[12].

La fatigue mentale peut être détectée facilement au moyen d'un questionnaire soumis à l'athlète. L'entraîneur répond au même questionnaire, et leurs réponses respectives peuvent être comparées. Tous deux inscrivent à la fin de chaque ligne un chiffre de 1 à 9, selon l'intensité avec laquelle ils ressentent les émotions énoncées, ou selon que les changements indiqués s'appliquent ou non à leur état. Voici un exemple :

- Ennui et monotonie pendant les entraînements
- Perte du désir de s'entraîner
- Baisse du désir de compétition
- Impression d'aller vers l'échec
- Rejet de l'activité sportive et de son environnement
- Impression de fatigue physique quasi permanente
- Baisse de l'attention
- Perte de confiance fréquente et inhabituelle
- Impression de surcharge de travail
- Anxiété récurrente
- Mauvaise humeur fréquente et inhabituelle
- Rigidité mentale, jugements tranchés
- Douleurs musculaires ou tendineuses fréquentes
- Maladies infectieuses à répétition

S'il ressort des questionnaires que votre enfant souffre de fatigue mentale, vous devrez rencontrer l'entraîneur qui pourra sûrement vous suggérer des solutions. Un psychologue pourra aussi être mis à contribution. Il est probable que votre enfant aura besoin de faire une pause.

Les montagnes russes

Avant un événement important telle une compétition de haut niveau, l'adrénaline coule à flots, la discipline est rigoureuse. Puis, du jour au lendemain, au *high* de la performance succède le *down* de l'après-compétition. Sans transition, la discipline spartiate n'est plus obligatoire et la chute du niveau d'adrénaline entraîne une baisse d'énergie. Et que dire de la déception si l'athlète a perdu un match ? Ou si, n'ayant pas réussi à se qualifier pour un tournoi, il voit plusieurs années de labeur s'envoler en fumée ? Les parents peuvent aider leur jeune en étant présents lors de ce moment de fragilité, en prévoyant des activités et, en cas de défaite, en assurant leur enfant de leur amour inconditionnel. Aux parents aussi, le contraste entre l'avant et l'après impose un lourd tribut.

Le mot de Christiane

Alléger le stress d'Alexandre a été pour moi un objectif constant. Depuis qu'il est petit, s'il n'est pas satisfait de sa performance à un événement, il nous appelle encore de n'importe où dans le monde. Il sait que nous allons dédramatiser la situation, et cela le soulage.

Notre stress à nous peut aussi devenir intense. L'expérience olympique, si grandiose soit-elle, comporte un stress considérable pour les parents d'athlètes, qui vivent des montagnes russes entre les émotions positives et négatives. Nous avons vu certains parents complètement démolis à la suite d'une mauvaise performance de leur enfant aux Jeux olympiques, ce qui nous a fait relativiser certains aspects de notre propre situation. Cette nouvelle perspective nous fait voir que nos enfants se battent pour des médailles, et non pas pour leur vie, et que d'appartenir à la communauté olympique est déjà un accomplissement majeur.

En fait, j'ai toujours tenté d'alléger l'existence d'Alexandre, pas seulement son stress. En l'aidant dans ses tâches quotidiennes, en préparant des lunchs appétissants conformes à son régime alimentaire, en préparant ses bagages pour lui accorder plus d'heures d'entraînement et de sommeil... J'ai été vertement critiquée pour cela : « Comment ! Tu fais encore ses lunchs et ses valises ! » Eh oui, et je ne regrette absolument rien de ce que Pierre et moi avons fait pour Alexandre comme parents. Et tant pis pour les critiques !

Le dopage

Inutile de mettre la tête dans le sable : nous savons que le dopage est présent dans la plupart des disciplines sportives, à tous les niveaux, bien qu'il soit plus fréquent chez les athlètes d'élite. Fait fort déplorable, la suggestion de recourir à des substances illégales vient habituellement d'un entraîneur peu scrupuleux, soucieux avant tout de consolider sa réputation en améliorant les résultats de ses athlètes par tous les moyens. Votre enfant sera beaucoup mieux armé contre la tentation du dopage si vous avez toujours pris soin de cultiver dans votre famille un souci d'éthique, et si vous avez évité de mettre de la pression sur lui. En effet, un enfant qui vit dans la crainte de décevoir ses parents sera plus vulnérable au risque de dopage.

Les résultats d'une étude menée sur l'éthique, le dopage et les habitudes de vie chez le sportif québécois[13] font ressortir trois stratégies pour contrer le dopage :

1. Entretenir chez votre enfant une attitude défavorable envers le dopage :

- le sensibiliser aux valeurs du sport;
- l'informer des effets néfastes des substances dopantes;
- l'aider à prendre des décisions éclairées.

2. Mobiliser son entourage :

Il est important que l'entraîneur informe médecin, coéquipier et parents des risques du dopage.

3. Améliorer son environnement :

Il est possible que le sportif ne veuille pas utiliser des produits dopants, mais qu'il sente qu'il n'a pas le choix de le faire ou non s'il désire optimiser ses performances. Un entraînement bien encadré favorisant son développement optimal lui donnera l'assurance qu'il peut progresser sans recourir au dopage.

Le regard des autres

La performance de haut niveau apportera à votre jeune une immense satisfaction, mais elle pourra lui valoir aussi des sentiments de jalousie de la part d'autres enfants. Les témoignages d'admiration sont toujours agréables, mais les risques d'intimidation à l'égard de votre enfant sont réels. Vous-même, comme parent, pourrez être l'objet de la jalousie de parents dont l'enfant réussit moins bien que le vôtre.

L'attention médiatique

Si votre enfant gagne une compétition dans un sport très médiatisé, vous pourriez avoir à gérer des demandes d'entrevue parfois insistantes et dérangeantes. Comme parent, vous devez protéger votre enfant contre les excès possibles. Votre vie familiale et votre intimité pourraient même être perturbées à l'occasion.

Lorsque Alexandre est rentré des Jeux du Commonwealth à Kuala Lumpur, où il a gagné à 13 ans une compétition pour adultes, Pierre et moi sommes allés le chercher à l'aéroport tard le soir. Nous avons été étonnés de voir tant de gens, et beaucoup de journalistes. Moi, j'allais simplement chercher « mon p'tit gars ». C'était la cohue. À tel point que des policiers nous ont escortés jusqu'à la maison. Nous n'en revenions tout simplement pas.

Le lendemain matin, les journalistes s'étaient installés dans notre entrée et les demandes d'entrevue se succédaient. Un cabinet de relations publiques nous a offert ses services pour gérer les demandes des médias. Au bout de quatre jours, Alexandre était épuisé, et finalement Pierre et moi avons décidé de jouer notre rôle de parents et de mettre fin à ce cirque. Nous allions désormais faire un tri parmi les demandes. Ce qui comptait, c'était de protéger la santé de notre fils.

Ces circonstances étaient exceptionnelles, à cause de son âge et du fait que le plongeon est une discipline médiatisée. Mais nous n'étions pas outillés pour faire face à cette nouvelle situation, et nous avons compris à ce moment que notre vie de famille venait de changer.

Celle d'Alexandre également. Et pas nécessairement pour le mieux. Les attentes seraient désormais très élevées à son endroit. Bonjour le stress ! Aussi, lorsqu'il s'est classé 17e à la Coupe du monde un mois et demi plus tard, des journalistes ont parlé de pétard mouillé... Pour un jeune de 13 ans, c'est difficile à encaisser.

Alexandre s'est bien repris par la suite, et à cause de l'attention que lui ont value ses victoires successives, on lui demandait d'être « parfait » : il devait se comporter parfaitement en toutes circonstances, notamment lors d'entrevues journalistiques ou de remises de trophées. Cela a commencé à peser lourd sur ses jeunes épaules, et nous avons tenté de le protéger de notre mieux.

Nous avons dû nous ajuster à des périodes d'entraînement plus intenses et nous habituer à ses nombreuses absences. Alexandre pouvait partir jusqu'à 12 fois par année pour se rendre à des compétitions internationales. Par conséquent, il ne faisait que s'entraîner et étudier du mieux qu'il pouvait. Concrètement, cela impliquait pour nous diète stricte, discipline, sommeil, bagages et, si possible, quelques moments de loisirs. Inutile de préciser que la vie familiale était une course à obstacles...

La notoriété nous a valu des commentaires admiratifs, mais aussi quelques remarques trahissant une certaine incompréhension – du genre : « On sait bien, c'est facile pour vous autres ! » –, et même certains comportements hostiles de la part d'autres parents.

Oui, nous avons tenté de préserver le plaisir et l'équilibre dans notre famille, mais, non, cela n'a pas toujours été facile...

LE PARENT DEMEURE UN PILIER

Le soutien continu des parents, jumelé à une diminution de leur implication directe dans l'activité de leur enfant, demeure un facteur de succès important, même à l'étape de la performance de haut niveau. La TCA, une fédération américaine de volleyball, a mené une étude sur des athlètes d'élite qui citent les traits positifs de leurs parents ayant contribué à leur succès et, à l'opposé, les traits négatifs qui ont nui à leur expérience. Ces résultats sont éloquents.

Les traits positifs des parents dont l'enfant a connu le succès

- Ils lui ont donné un amour et un soutien inconditionnels.
- Ils ont fait des sacrifices pour leur enfant sans rien attendre en retour.
- Ils ont motivé et encouragé leur enfant. Ils ont mis l'accent sur le plaisir, surtout quand l'enfant était jeune.

- Ils ont fourni un soutien financier et logistique.
- Ils avaient un point de vue approprié sur le sport chez les jeunes.
- Ils ont favorisé le développement de leur enfant.
- Ils ont mis l'accent sur le progrès plutôt que sur la victoire et les résultats.
- Ils ont eu une approche équilibrée, apportant du soutien sans exercer de pression.
- Ils ont mis l'accent sur le travail, le développement et la discipline sans négliger l'aspect plaisir.
- Ils ont souligné l'importance de créer des amitiés par le sport et d'en retirer des bienfaits sur le plan social.
- Ils ont fait confiance à l'entraîneur de leur enfant.
- Ils ont respecté les limites établies par les entraîneurs pour les parents et les enfants.
- Ils ont encouragé la préparation avant une compétition.
- Ils ont enseigné à leur enfant à être responsable et à respecter ses engagements.
- Ils ont insisté sur des valeurs importantes et ont prêché par l'exemple.
- Ils ont maintenu un foyer stable.
- Ils ont aidé leur jeune à équilibrer ses responsabilités.

Les comportements à éviter sont ceux cités par les athlètes d'élite comme ayant nui à leur développement.

Les traits négatifs des parents dont les enfants ont connu une expérience négative

- Ils sont devenus trop exigeants et avaient des attentes très élevées à cause de l'argent qu'ils avaient déboursé.
- Leurs attentes étaient irréalistes. Ils exerçaient une pression indue pour que leur enfant gagne à tout prix.
- Ils se sont impliqués de trop près, créant pour leur enfant une expérience négative.
- Ils ont été l'entraîneur de leur enfant.

- Ils comparaient constamment leur enfant à d'autres enfants et ils faisaient des commentaires négatifs.
- Ils gâtaient trop leur enfant.
- Ils vivaient leur propre rêve par l'entremise du sport de leur enfant.
- Ils se préoccupaient beaucoup des résultats.
- Ils prenaient le sport trop au sérieux.
- Ils distrayaient leur enfant pendant les matches.
- Ils présentaient une attitude de confrontation.

Ces descriptions, fournies par les athlètes eux-mêmes, en disent long sur les attitudes et comportements qui favoriseront le développement optimal de votre enfant.

LA VERSION D'ALEXANDRE DESPATIE[14]

Il n'y a pas de recette pour atteindre le sommet. Alexandre Despatie a cependant consigné les huit facteurs qui l'ont aidé à briller dans son sport de prédilection. Il vous les livre lui-même ici.

La passion

C'est la base de tout. S'il n'y a ni feu ni passion, on n'arrive à rien. C'est sûr que, lorsqu'on atteint un haut niveau, le plaisir n'est pas le même que lorsqu'on est enfant. À 10 ans, quand je montais sur le tremplin, c'était pour le plaisir, c'était drôle. Aujourd'hui, bien que ce soit plus sérieux et que le plaisir soit différent, j'ai toujours autant de passion qu'au début.

Le travail

Sans travail, la réalisation de nos rêves est impossible. Pour atteindre le but qu'on s'est fixé, on doit être prêt à faire les efforts et les sacrifices nécessaires. Bien sûr, il faut être conséquent avec nos désirs. Si l'objectif est de devenir le meilleur du monde, le niveau de travail, d'efforts et de sacrifices doit être à la mesure de cette ambition.

Le rêve

Oui, les rêves se réalisent. La preuve, c'est que je vis les miens en ce moment. Il n'y a rien de plus formidable. Pour y arriver, il faut d'abord y croire. Dans la victoire comme dans la défaite. Même en cas de mauvaise performance, il ne faut jamais baisser les bras. Une mauvaise journée, ça arrive à tout le monde. Même aux meilleurs.

L'entourage

On a beau avoir le plus grand talent, si on n'a pas su bien s'entourer, le parcours sera plus difficile. Pour différentes raisons, beaucoup d'athlètes talentueux ne trouvent pas le bon entraîneur ou le bon endroit où s'entraîner. Parfois, il s'agit d'une question de distance. Celui qui souhaite devenir le meilleur doit parfois être prêt à déménager, à aller s'entraîner loin de la maison, de sa famille et de ses amis. Quand on sent qu'on a un certain talent pour ce que l'on fait, il ne faut pas hésiter à foncer et à prendre les moyens pour réussir.

L'adaptation

Comme les imprévus sont fréquents en compétition, il faut savoir s'adapter à toutes sortes de situations. L'éloignement, un nouvel environnement, les conditions météorologiques, un retard dans l'horaire, de mauvaises conditions de compétition, un problème technique, bien des facteurs peuvent venir troubler notre préparation. Si on ne sait pas s'ajuster, on est cuit.

La discipline

En ce qui concerne la préparation physique, les besoins de chaque personne diffèrent. C'est là que la discipline entre en ligne de compte. Que ce soit sur le plan de la mise en forme, de l'alimentation ou du sommeil, chacun doit faire preuve de discipline pour respecter ce qui lui convient le mieux. Le corps de l'athlète est sa machine. Comme une voiture de Formule 1, elle doit être réglée au quart de tour. Cependant, pour qu'elle soit efficace, il est important de bien l'alimenter et de lui donner le repos nécessaire.

L'équilibre

Pour bien performer, il faut d'abord être bien dans sa tête. L'entraînement et la poursuite des rêves ont beau occuper une place importante dans la vie d'un athlète, il est primordial de savoir décrocher de temps à autre, de garder du temps pour soi. C'est une simple question d'équilibre mental. Prendre du repos, s'éloigner du lieu d'entraînement ou de compétition permet de refaire le plein d'énergie, de recharger les piles. Si on ne pense qu'à son sport et qu'on demeure toujours dans le même environnement, on risque de se brûler.

Papa et maman

J'aimerais dédier ce dernier point aux parents. Ceux qui sont les premiers à accompagner l'athlète à l'aréna, au terrain de soccer ou à la piscine. Peu importe l'âge de votre enfant, il est extrêmement important de le soutenir et non pas de le pousser. J'ai souvent vu des athlètes au potentiel énorme tout arrêter, brûlés, parce que les parents mettaient trop de pression sur eux. Ça arrive dans tous les sports. Sachez encourager votre enfant et l'aider à entretenir ses rêves.

Le mot de Christiane

Au moment où j'écris ces lignes, Alexandre vient d'annoncer que ses quatrièmes Jeux olympiques, à Londres, seront ses derniers, même s'il continuera à prendre part à d'autres compétitions. Vous ne l'ignorez pas, rien ne s'est passé comme prévu, et notre faculté d'adaptation – celle d'Alexandre surtout ! – a été mise à rude épreuve. Le 12 juin 2012, lors d'un exercice à Madrid en vue des Jeux olympiques, Alexandre a heurté le tremplin de plein fouet en effectuant un des plongeons les plus difficiles, un triple saut périlleux et demi retourné. Entaille de 10 centimètres au front, commotion cérébrale...

Pierre et moi ne sommes pas du genre à paniquer. Mais après avoir reçu le coup de fil, nous sommes devenus comme engourdis, paralysés... Quand nos enfants sont au loin, il y a de ces nouvelles qui nous laissent sans mot. Mais nous devions garder notre sang-froid. Alexandre avait besoin d'une force supplémentaire pour se remettre sur ses pattes. Nous nous sommes rendu compte que nous devions rester positifs afin qu'il puisse poursuivre son cheminement vers cette participation olympique qu'il désirait tant ! Et lorsque nous le voyons combatif à ce point, il serait honteux d'essayer de le décourager.

Nous avons réalisé que l'affection et l'amour que toute notre famille et nous-mêmes éprouvons pour lui et lui manifestons sont la seule chose dont il avait besoin en cet instant. Les athlètes sont de merveilleuses machines, mais des êtres humains avant tout...

Toutes ces belles années ont été vécues dans le plaisir, le plaisir de l'amener là où il est aujourd'hui, dans la plus grande tranquillité d'esprit. Comme famille, son père, Pierre, sa sœur, Anouk, sa mamie et moi-même avons fait tout ce qui était en notre pouvoir pour qu'il soit avant tout très heureux dans son sport.

La preuve est qu'aujourd'hui il aime encore le plongeon et qu'il a toujours le feu sacré pour cette vie remplie de moments fabuleux.

Il a vu le monde entier alors qu'il n'a que 27 ans, il a accumulé une culture universelle, il a des amis sur tous les continents et il s'est acquis le respect partout dans le monde.

Les 20 dernières années ont été palpitantes, excitantes, enrichissantes. Si l'expérience d'Alexandre a pu inciter des jeunes à évoluer dans un corps et un esprit en santé, et s'il a encouragé des jeunes à vouloir se dépasser, eh bien : mission accomplie pour lui et pour nous... Dans quelques années, il sera temps pour nous de nous reposer un peu, et pour lui de s'engager dans une nouvelle voie. Vu ses standards élevés, elle sera palpitante, j'en suis certaine, et je suis persuadée qu'il saura atteindre ses nouveaux objectifs, quels qu'ils soient.

CHAPITRE 11
La vie après l'atteinte du sommet

On ne se prépare jamais assez à la retraite après une carrière dans le sport.

– SYLVIE BERNIER,
championne olympique de plongeon

Les sportives sont les seules femmes qui attendent d'être à la retraite pour fonder une famille! Les musiciens poursuivent généralement leur carrière jusqu'à un âge avancé. Les chanteurs se produisent encore sur scène passé la cinquantaine, même plus tard dans certains cas. Le sport est, encore plus que la danse, une discipline dont les adeptes mettent fin à leur activité très jeunes. Il se pourrait donc que votre enfant accroche ses patins ou son maillot alors qu'il est encore dans la vingtaine. De sorte qu'à l'âge où beaucoup de jeunes adultes terminent leurs études et entament une carrière, l'athlète amorcera une deuxième étape de sa vie...

Mais encore faut-il l'avoir préparée, cette deuxième étape. Il n'y a pas si longtemps, nombreux étaient les athlètes qui mettaient fin précocement à leurs études pour se concentrer sur leur discipline. Nous avons tous entendu parler de ces hockeyeurs parfois obligés de couper court à leur carrière à la fin de la vingtaine ou au début de la trentaine, et qui n'étaient pas outillés pour entreprendre une nouvelle étape de leur vie. Faute d'expérience et de formation, plusieurs de ceux qui ont lancé une entreprise ont essuyé un échec et, pour nombre de sportifs, la période de transition a été difficile. Non seulement pour eux, mais aussi pour leur entourage. Duncan Fletcher, directeur du Professional Athletes Transitional Institute de l'université Quinnipiac, au Connecticut, estimait en 2009 que près de 70 % des joueurs de hockey professionnels vivent un divorce pendant ou après leur carrière.

PRÉPARER L'AVENIR

Votre enfant athlète et vous, son parent, êtes certainement davantage conscients aujourd'hui de l'importance d'acquérir des connaissances, des diplômes et des habiletés qui faciliteront la transition après ces intenses années de performance de haut niveau. Le système scolaire est davantage adapté à des situations comme la vôtre, à commencer par les programmes sport-études au secondaire qui n'existaient pas il y a 20 ans. Les jeunes athlètes sont également moins réticents de nos jours à faire une pause-études pour revenir à l'entraînement par la suite, ou à mener de front des études universitaires et une carrière de sportif professionnel – tel le hockeyeur Louis Leblanc, qui n'a pas voulu renoncer à ses cours à l'université Harvard, même à l'époque où il était un choix de première ronde dans la Ligue nationale de hockey.

Le milieu sportif a encore des progrès à faire, cependant. Louis Leblanc rapportait en 2009 que la LNH voyait d'un mauvais œil les joueurs qui poursuivaient leurs études, et demandait à ces derniers de faire un choix. Heureusement, les athlètes sont de plus en plus nombreux à refuser d'obtempérer.

Les raisons qui conduisent un jeune à prendre sa retraite du sport influeront forcément sur la manière dont les choses se déroulent. Si votre enfant, par malheur, est remercié par son équipe, il aura plus de mal à se relever que s'il subit une blessure l'obligeant à réorienter ses activités. Cependant, dans les deux cas, la situation n'était pas prévisible. Raison de plus pour élaborer un plan B si votre jeune envisage sérieusement une carrière sportive. C'est à cette étape que vous pourrez exercer une influence bénéfique, en insistant pour que votre enfant ne néglige pas son travail scolaire.

Ce fut le cas pour Sylvie Bernier, médaillée d'or en plongeon au tremplin de trois mètres aux Jeux olympiques de Los Angeles, en 1984. Pour son père, spécialiste en médecine nucléaire, l'éducation était la valeur suprême et il n'était pas question que sa fille abandonne ses études, ni même les néglige, pour s'adonner à son sport. « Le plongeon, pour toi, c'est un hobby », lui répétait-il. Le Dr Bernier n'avait pas besoin d'insister : la jeune Sylvie était studieuse, et elle a complété un baccalauréat puis une maîtrise en administration après avoir pris sa retraite du sport, à 20 ans. « J'ai toujours eu un plan de carrière et ma retraite était planifiée », confie l'ancienne athlète olympique, aujourd'hui mère de trois enfants.

LE PASSAGE À VIDE

Il faudra vous attendre à devoir offrir à votre enfant un soutien indéfectible lorsque viendra pour lui le moment de tirer sa révérence. En effet, même une personne aussi bien préparée que Sylvie Bernier a connu une période de flottement après avoir décidé de quitter l'univers de la compétition. « Le passage à vide est inévitable, affirme-t-elle. À la retraite, l'athlète vit plusieurs pertes à la fois. Perte d'identité d'abord : après plusieurs années d'entraînement intense et de concentration sur le sport, du jour au lendemain, on n'est plus la plongeuse. On se demande : qui suis-je maintenant ? »

Perte aussi du sentiment d'appartenance. « Notre club, nos collègues que nous voyions trois fois par semaine étaient devenus pour nous une seconde famille. Les choses sont peut-être encore plus difficiles pour les athlètes d'aujourd'hui, dont l'entourage comprend aussi un psychologue, une nutritionniste, un physiothérapeute… Nous n'avions pas cette équipe de soutien à mon époque. J'étais seule avec mon entraîneur. » Fini l'adrénaline, l'ivresse des voyages et des rencontres intercontinentales…

« Au fond, conclut Sylvie Bernier, je me suis sentie de nouveau bien dans ma peau avec l'arrivée de mes enfants. Mes trois filles donnent du sens à mon quotidien. »

Avec elles, elle recourt aux principes que ses parents ont mis en œuvre lorsqu'elle était enfant : on fait du sport avant tout pour le bien-être physique et psychologique. Deux de ses filles font de la compétition, mais, pour elles aussi, les études doivent passer en premier…

CHANGER DE CAP

Un athlète peut prendre sa retraite pour une foule de raisons. Certaines situations nous amènent, à l'âge adulte, à nous remettre en question et à nous demander si nous devons persévérer vers notre objectif initial. Par exemple, à mi-chemin de son parcours, votre enfant pourrait se découvrir une vocation d'entraîneur, décider de continuer à pratiquer sa discipline uniquement pour le plaisir tout en poursuivant ses études, ou changer carrément d'orientation. L'important est que, comme parent, vous ayez encouragé votre enfant à avoir **prévu** d'autres scénarios.

Le problème est que, dans bien des cas, on ne prépare pas les enfants à autre chose que ce qu'ils ont fait pendant dix ans. Or, il est impossible de contrôler certaines circonstances – blessures, dépressions, niveaux de performance inatteignables et ainsi de suite – qui empêchent l'athlète de réaliser son rêve... La seule façon de bien gérer ce type d'imprévu est d'avoir en poche des solutions de rechange. Il y a un paradoxe : oui, il est important pour votre enfant de rêver et d'avoir un objectif final, mais il est tout aussi important qu'au fil du processus d'autres possibilités s'offrent à lui.

Le mot de Séverine

Il arrive un âge où, parfois, des occasions se présentent. À 17 ans, j'ai eu la possibilité de m'inscrire à une université américaine. C'était mon objectif suprême en tant qu'athlète de tennis. Puis, à un moment, je me suis passionnée pour le rôle d'entraîneur de tennis. Quand est venu le moment de partir pour cette université américaine, je me suis trouvée à la croisée des chemins : j'avais obtenu la bourse nécessaire au séjour à l'université, mais on me donnait aussi l'occasion d'occuper un poste à temps plein comme entraîneur. J'ai suivi ma passion. Pendant deux ans, j'ai douté de ma décision parce que je voyais mes amis rentrer des États-Unis, et je me disais que j'aurais pu vivre ce qu'ils vivaient. Cependant, 30 ans plus tard, je n'ai aucun regret. J'ai atteint mon but. Dans la vie, il faut parfois faire des choix. Ma façon de réussir a été pour moi d'assumer pleinement ce choix. Si votre enfant se trouve un jour à la croisée des chemins lui aussi, je vous conseille de le laisser vivre sa passion. C'est la seule façon pour lui de ne pas avoir de regrets plus tard...

UN ÉVENTAIL DE POSSIBILITÉS

Si votre enfant s'est rendu à l'étape de la performance de haut niveau, il pourrait imiter de nombreux athlètes à la retraite qui ont continué à œuvrer dans le domaine du sport. Plusieurs ont été conseillers pour l'équipe nationale de leur discipline, chargés de mission auprès de l'organisation des Jeux olympiques ou encore commentateurs sportifs. D'autres sont devenus porte-parole pour une œuvre de bienfaisance.

Si votre enfant a la bosse des affaires, il pourrait lancer une entreprise dans un secteur lié à sa discipline. On pense à Louis Garneau. Sa feuille de route comme cycliste de haut niveau, jumelée à ses études en arts visuels, lui a permis d'être aujourd'hui à la tête d'une société internationale spécialisée dans des accessoires de cyclisme au design recherché.

Le design est aussi l'une des passions de la skieuse acrobatique Jennifer Heil, qui a annoncé sa retraite en 2011. La gagnante de la première médaille d'or du Canada aux Jeux olympiques de Turin, en Italie, en 2006, dont la carrière a été couronnée par un double titre de championne du monde, a toujours planifié sa carrière... et sa vie après sa carrière sportive. « J'aurais pu envisager une quatrième participation aux Jeux olympiques, raconte l'athlète de 29 ans, mais j'avais hâte d'obtenir autant de succès sans mes skis que sur mes skis ! »

Elle confesse que, même si sa tête fourmille de projets, elle a trouvé difficile de passer d'une existence centrée sur un seul objectif – la compétition – à une vie où l'adrénaline n'est pas toujours au rendez-vous. Aujourd'hui, celle qui rêve de fonder sa propre entreprise – peut-être dans la création de bijoux – termine à l'Université McGill un baccalauréat en commerce amorcé au cours des deux années durant lesquelles elle a pris congé du ski pour se remettre de plusieurs blessures. Elle est également très impliquée dans plusieurs organisations philanthropiques, en particulier l'initiative « Parce que je suis une fille » de Plan Canada, qui vient en aide aux jeunes filles dans le besoin partout dans le monde.

Les parents de Jennifer Heil lui ont apporté un soutien inconditionnel depuis le début. « Ils ont fait huit heures de route chaque week-end pendant des années pour que je puisse m'entraîner à la montagne, raconte-t-elle. Ils m'ont soutenue à chaque étape de mon développement, et ma retraite ne fait pas exception. Ils ont fait la transition avec moi… » Aux parents dont l'enfant se dirige vers la retraite du sport, elle conseille d'être patients. « Ils doivent comprendre que leur enfant mettra un peu de temps à s'ajuster à son nouveau mode de vie. Et ils peuvent aider beaucoup en lui faisant comprendre que cette nouvelle période sera fascinante, remplie de découvertes. »

L'EXPÉRIENCE SPORTIVE, UN ATOUT SOLIDE

Le sport, on l'a dit, est une école de vie formidable aux enseignements uniques ; ce que l'on y apprend ne s'apprend pas ailleurs. Comme parent, vous ne devez pas minimiser ce cadeau, ce privilège que vous offrez à votre enfant. Grâce au sport, il aura développé sa personnalité et acquis une confiance en lui-même, et il aura peut-être découvert le monde !

S'il décide de se lancer en affaires, ses antécédents de sportif seront un atout précieux. Les athlètes sont avant tout des individus passionnés. Cette passion et cette détermination qui les caractérisent leur seront d'un grand secours quand viendra le moment de fonder une entreprise ou de s'orienter autrement.

L'ex-championne de cyclisme Annick-Isabelle Marcoux, qui s'est recyclée brillamment dans les affaires et comme conférencière, va encore plus loin. À son avis, confiait-elle au quotidien

La Presse en 2008, cinq principes sportifs s'appliquent au monde des affaires :

1. *L'objectif.* « Comme cycliste de compétition, je visais les Masters mondiaux, dit Mme Marcoux. C'est ce qui justifiait tous mes efforts. Au travail, c'est la même chose. J'établis mes priorités. »
2. *Le « focus ».* « Le pouvoir de concentration, le « focus », est la matière première des athlètes. Dans une course, cela fait la différence entre les 10 premiers au fil d'arrivée et les autres. »
3. *Le pouvoir de gérer la distraction.* « J'ai eu mal au dos un mois avant le championnat canadien. C'était une terrible distraction. En affaires, les distractions sont les directives internes, les collègues, les compétiteurs et les règlements. »
4. *La capacité de visualiser.* « Dans le sport, nous mettons une image sur une pensée pour mieux voir l'objectif. »
5. *La capacité de gérer l'envie passagère de renoncer.* « Le désir de décrocher peut parfois venir à bout de notre passion. Le vaincre demande de la motivation. D'où l'importance de prendre du recul. Parfois, il faut apprendre à faire autre chose. »

L'ancien champion de water-polo Simon Deschamps, qui a lancé une gamme de vêtements de sport, a trouvé difficile, au moment de la retraite, de ne plus recevoir d'attention du jour au lendemain. Il a trouvé dans les affaires « une autre source d'adrénaline ». L'expérience de sa participation aux Jeux olympiques de 1984 lui est fort utile : « Elle me permet de gérer la panique. »

Quant à l'ex-nageuse de fond et championne canadienne Maxime Mentha, ses parents n'hésitent pas une seconde lorsqu'on leur demande ce que le sport d'élite a apporté à leur fille. «Elle a une colonne vertébrale. Ma fille est une personne qui se tient debout», dit sa mère, Caroline. Pour son père, le Dr Jacques Mentha, il est clair que le sport a donné à Maxime «une capacité formidable de prendre des décisions, très appréciée dans le secteur bancaire où elle travaille aujourd'hui».

Pour résumer : oui, il y a un moment difficile à passer pour les sportifs qui prennent leur retraite, surtout s'ils aiment encore la compétition et qu'un départ prématuré leur est imposé. Toutefois, grâce aux qualités de persévérance et d'ambition qu'ils ont cultivées toute leur jeunesse, la plupart d'entre eux s'épanouissent dans leur seconde carrière. Oui, il y a une vie après une carrière dans le sport, et celle-ci présente plusieurs avantages, notamment une baisse considérable du niveau de stress. Ce n'est pas rien…

Le mot de Christiane

Alexandre aussi se remet de ces Olympiques difficiles, mais combien enrichissantes sur le plan humain. Il nous a fait découvrir une autre dimension de l'olympisme, c'est-à-dire la quête ultime consistant à aller puiser dans les dernières réserves de l'être humain pour accéder au but, à trouver la force d'effacer les revers pour encore continuer… Et ça, je crois qu'il n'y a qu'à ce niveau qu'on peut le réaliser. C'est pour cette raison que ce sont eux les Olympiens et pas nous… Pierre et moi ne voyons pas la future «retraite» de notre fiston comme le deuil que beaucoup de gens décrivent. Nous envisageons plutôt ce moment comme la fin de la première période de sa vie et, ne nous le cachons pas, toute bonne chose a une fin. Pour nous, débutera alors une nouvelle étape…

CONCLUSION
Demeurez simplement un parent !

C'est sans prétention que nous avons décidé d'écrire ce livre, à un moment où nous sentions un désarroi généralisé chez les parents qui accompagnent leurs enfants dans la performance. Nous avons éprouvé un besoin urgent de réagir face à certaines situations et comportements qui, parfois, deviennent incontrôlables. Trop souvent, les parents prennent certaines décisions néfastes en croyant bien faire, mais en négligeant les conséquences qui peuvent parfois s'avérer désastreuses pour leur enfant.

Nous espérons que les outils présentés dans ce guide vous permettront de vous engager dans un processus harmonieux avec vos enfants, dans cette quête de la performance qui, quelquefois, peut sembler être une course à obstacles. Ces outils pourront aussi aider les entraîneurs et futurs entraîneurs à contribuer adéquatement au précieux triangle du succès.

Nos règles d'or sont bien simples : faites preuve de patience, allez-y une étape à la fois, faites-vous confiance, gardez en tout temps les voies de communication ouvertes avec votre enfant et son entourage, et, surtout, suivez votre intuition de parent en toutes circonstances.

Écoutez attentivement votre enfant, et observez le plaisir avec lequel il évolue dans ses choix d'activités. De cette façon, le processus de développement deviendra plus sécurisant et plus sain, et il apaisera cette pression qui surgit de toutes parts à mesure que l'on franchit des étapes.

Autrement dit, pour le bien commun de nos enfants qui cherchent à évoluer dans la performance, demeurez tout simplement un bon parent...

Tout ce qu'ils désirent, et tout ce dont ils ont besoin, c'est votre amour inconditionnel.

Notes

1. Wenner, Melinda. « The Serious Need for Play », *Scientific American Mind*, février 2009.

2. Dorsch T., Smith, A., et Meghan McDonough. « Parents' Perceptions of Child-to-Parent Socialization In Organized Youth Sport », *Journal of Sport and Exercise Psychology,* n° 31, 2009 p. 444-468.

3. Patel, A.D. *Music, Language, and the Brain.* New York, Oxford University Press, 2008.

4. Carlson, R. C. « The Socialization of Elite Tennis Players in Sweden : An Analysis of the Players' Backgrounds and Development », *Sociology of Sport Journal,* n° 5, 1988, p. 241-256.

5. Bloom, Benjamin S. *Developing Talent In Young People,* New York, Ballantine Books, 1985.

6. Bloom, *op. cit.*

7. Colvin, Geoff. *Talent is Overrated,* New York, Portfolio, 2010.

8. Antonini, Philippe R., Sagar, S.S., Huguet, S., Paquet, Y., et S. Jowett. « From Teacher to Friend : The Evolving Nature of the Coach-Athlete Relationship », *International Journal of Sport Psychology,* 2011, n° 42, p. 1-23.

9. Grosgeorge, Bernard. « Évolution des rôles des parents et des entraîneurs au fil des progrès sportifs », article de

la Fédération Française de Basketball, publié sur le site arc-club-jussy.ch, 2008.

10. Smoll, Frank. *Sport Psychology for Youth Coaches*, Lanham, MD, Rowman and Littlefield Publishers, 2012.

11. On appelle ce phénomène le « syndrome du parent frustré » (Smoll, 1998).

12. Thill, E., P. Fleurance. *Guide pratique de la préparation psychologique du sportif,* Paris, Vigot, 1998, p. 146.

13. Valois P., Buist A., Goulet C., et M. Côté. *Étude de l'éthique, du dopage et de certaines habitudes de vie chez le sportif québécois – Je performe sans drogue,* ministère de l'Éducation, du Loisir et du Sport, 2002.

14. Bernier, Jonathan. « 8 conseils d'Alexandre Despatie », *Journal de Montréal,* 7 novembre 2008.

Lectures suggérées

Livres :

AGASSI, Andre. *Open*, New York, Alfred A. Knopf, 2009.

BEARD, Amanda. *In the Water They Can't See You Cry : A Memoir*, New York, Touchstone, 2012.

BLOOM, Benjamin S. *Developing Talent in Young People*, New York, Ballantine Books, 1985.

COLVIN, Geoff. *Talent is Overrated*, New York, Portfolio, 2010.

DE LENCH, Brooke. *Home Team Advantage : The Critical Role of Mothers in Youth Sports*, Toronto, HarperCollins Canada, 2006.

GLADWELL, Malcolm. *Outliers, The Story of Success*, New York, Little, Brown and Company, 2008.

HONORE, Carl. *Under Pressure*, Toronto, Alfred A. Knopf Canada, 2008.

LANG, Lang. *Journey of a Thousand Miles*, New York, Random House, 2008.

PHELPS, Michael. *No Limits*, New York, Free Press, 2008.

RYAN, Joan. *Le revers de la médaille*, Paris, Flammarion, 1996.

Sites Internet :

Association canadienne des entraîneurs : coach.ca/

Au Canada, le sport c'est pour la vie : canadiansportforlife.ca/ fr?PageID=1000&LangID=fr

Centre canadien pour l'éthique dans le sport : cces.ca/fr/page-99
COC : olympic.ca/
CPC : paralympic.ca/
Moms'Team (le site de l'auteur Brooke de Lench) : momsteam.com
Site Web des auteurs : parentsperformance.com
Sport Canada : pch.gc.ca/pgm/sc/inf01-eng.cfm
Sport Québec : sportsquebec.com/

Vidéo :

Ce documentaire sur la violoncelliste Jacqueline du Pré est un
exemple probant d'une belle implication parentale.
youtube.com/watch?v=Nnt46x-UsQ8

Table des matières

Suivez-nous sur le Web

Consultez nos sites Internet et inscrivez-vous à l'infolettre pour rester informé en tout temps de nos publications et de nos concours en ligne. Et croisez aussi vos auteurs préférés et notre équipe sur nos blogues!

EDITIONS-HOMME.COM
EDITIONS-JOUR.COM
EDITIONS-PETITHOMME.COM
EDITIONS-LAGRIFFE.COM

MARQUIS

Marquis imprimeur inc.

Québec, Canada
2012

Achevé d'imprimer au Canada